北京市中小学科技活动教材
新科学探索丛书／地球探秘

探寻万千气象

——气象与人类生活

TANXUNWANQIANQIXIANG

北 京 市 教 育 委 员 会
北京师范大学科学传播与教育研究中心
组织编写

北京师范大学出版集团
BEIJING NORMAL UNIVERSITY PUBLISHING GROUP
北京师范大学出版社

图书在版编目(CIP)数据

探寻万千气象：气象与人类生活/时之远主编.—北京：北京师范
大学出版社，2009.8（2012.10 重印）

（新科学探索丛书/李亦菲，崔向红主编）

ISBN 978-7-303-10366-9

I.①探… II.①时… III.①气象学–青少年读物 IV.①P4-49

中国版本图书馆 CIP 数据核字（2009）第 117485 号

北 京 市 教 育 委 员 会
北京师范大学科学传播与教育研究中心　　组织编写

出版发行：北京师范大学出版社 www.bnup.com.cn
　　　　　北京新街口外大街 19 号
　　　　　邮政编码：100875
印　　刷：北京京师印务有限公司
经　　销：全国新华书店
开　　本：170 mm × 240 mm
印　　张：7.75
字　　数：106 千字
版　　次：2009 年 8 月第 1 版
印　　次：2012 年 10 月第 2 次印刷
定　　价：20.00 元

责任编辑：张佳蕾　岳晓燕　张才日　　选题策划：石　雷　张佳蕾
责任校对：李　菡　　　　　　　　　　美术设计：红十月
封面设计：红十月　　　　　　　　　　责任印制：孙文凯

编委会

前言

近年来，随着科技教育理念的更新，我国中小学生的科技活动发生了重要的变化。从内容上看，日益从单纯的知识和技能的传授转向对科学方法、科学精神和技术创新能力的关注；从形式上看，日益从传授和训练类活动转向体验和探索类的活动；从途径上看，日益从课内外、校内外相互割裂的状况转向课内外和校内外相结合。这些转变对全面提高我国青少年的科学素养，使他们尽快成长为适应知识社会需要的创新型人才具有重要的意义。然而，以上转变的实现还受到科普和科技教育资源缺乏以及高水平师资力量短缺的制约。在资源方面，我国中小学校的科技活动长期采用"师傅带徒弟"的经验主义模式，缺乏系统的学习内容，也没有规范的教学指导用书和配套的工具器材；在师资力量方面，我国还缺乏一支专业化的科技活动教师队伍，绝大部分科学学科的教师只是关注知识的传授和训练，忽视科学方法和技术创造能力的培养。

值得欣慰的是，在一些办学条件较好和办学理念先进的学校中，在以科技教育为重点的校外科技教育机构中，活跃着一批长期致力于组织和指导学生开展科技活动的科技辅导教师。他们是特定科技项目的"发烧友"，每个人都有令人叹服的独门绝活；他们是学生科技活动的"引路人"，每个人都有技艺超群的得意门生。为了更好地发挥这些科技辅导教师的作用，北京师范大学科学传播与教育研究中心和北京市教育委员会体育美育处在科技教育新理念的指导下，组织北京市校外教育单位和中小学长期从事科技活动辅导的优秀教师、相关领域的科学家、工程师和工艺师等，对当前中小学校开展的各种科技活动项目进行了细致的分析和梳理，编写了这套《新科学探索丛书》。

这是一套适用于中小学生开展科技活动的新型科普图书，包括神秘的宇宙、航天圆梦、地球探秘、奇妙的生物、电子控制技术、创新设计、生活万花筒、模型总动员等8个系列，每个系列将推出5~10个分册。每个分册约包含12~20个课题，可用于一个学期的中小学科技活动选修课教学。为满足科技活动课教学的需要，每个课题都以教学设计的形式编写，包括引言、阅读与思考、实践与思考、检测与评估、资料与信息五个组成部分。

前言

1. 引言

提供一幅反映本课题内容的图片，并从能激发学生兴趣的实物、现象或事件出发，引出本课题的学习内容和具体任务。

2. 阅读与思考

以图文并茂的方式，提供与本课题有关的事件及相关人物、重要现象、基本概念、基本原理等内容，在确保科学性的前提下力求做到语言生动、通俗易懂。为了引导学生在阅读过程中积极思考，通常结合阅读内容设置一些思考性问题。

3. 实践与思考

提供若干个活动方案，指导学生独立或在教师指导下开展各种实践活动，主要包括科学探究、社会调查、设计制作、多元表达（言语、绘画、音乐、模型等）、角色扮演等类型的活动。活动方案一般包括任务、材料与工具、过程与方法、实施建议等组成部分。为了引导学生在活动过程中积极思考，通常结合活动过程设置一些思考性的问题。

4. 检测与评估

一方面，利用名词解释、选择题、简答题、计算题等试题类型，对学生学习本课题知识性内容的结果进行检测。另一方面，对学生在"实践与思考"部分开展的活动提供评估标准和评估建议。

5. 资料与信息

一方面，提供可供学生阅读的书籍、杂志、网站等资料的索引；另一方面，提供购买或获得在"实践与思考"部分开展的活动所需的材料和工具的信息。

虽然这套教材的编写既有基于理论指导的宏观策划与构思，又有源于实践积淀的微观设计与操作，但由于编写规模庞大、参与编写的人员众多，呈现在广大读者面前的各个分册出现不能令人满意的情况是难免的。在此真诚地希望使用本套丛书的教师和学生能对各个分册中出现的问题提出批评，也欢迎从事科技活动的优秀教师参与到本套丛书的编写和修改中来，让我们共同为提高我国中小学科技活动的水平，提高我国中小学生的科学素养做出贡献。◀

李亦菲

2007 年 6 月 30 日

加强青少年科技教育是中小学的一项重要任务，积极开展青少年科技活动是对青少年进行科技教育的有效方法和重要途径。

随着基础教育课程改革的深入，许多学校开设了以研究性学习为主体的综合实践活动课程。新的课程体系为中小学生开展科技活动提供了必要的时间和广阔的空间。

科技活动是一项知识性、实践性和操作性都很强的教育活动。如何在科技活动中培养青少年的科学态度和科学精神，保证科技活动的科学性和规范性是教育工作者面临的重要课题。为此，北京市教育委员会体育美育处与北京师范大学科学传播与教育研究中心在联合开展课题研究的基础上，组织北京市100多所科技教育示范学校和校外教育机构的优秀科技教师，用3年时间研发了一套中小学科技活动教材——《新科学探索丛书》。

《新科学探索丛书》在编撰过程中，努力在"三个有机结合"上下工夫：首先，着力实现知识学习与动手操作的有机结合。在本套丛书的每个单元中，"阅读与思考"部分提供了图文并茂的阅读材料，使学生了解有关知识；"实践与思考"部分提供了简明实用的科技活动方案，以引导学生有序地开展科技活动。

其次，着力实现课（校）内学习与课（校）外拓展的有机结合。在知识性学习内容中，"阅读与思考"部分主要适合于课内讲解或阅读，"资料与信息"部分则主要适合于学生在课外阅读；在"实践与思考"部分所提供的活动方案中，既有适合于课（校）内完成的，也有适合于课（校）外完成的；在"检测与评估"内容中，检测部分主要适合于在课内进行测试，评估部分主要适合于在课外进行评估。

第三，着力实现科学学习和艺术欣赏的有机结合。本套丛书采用了图文并茂的写作风格，对文字和图片的数量进行了合理的调配，对图片进行精心的挑选，对版面进行细致的设计，使丛书的亲和力和感染力大为提高。

相信本套图书对丰富中小学生科普知识，提高中小学生的动手实践能力将大有裨益。愿本套图书成为广大中小学生的良师益友。◢

郑萍

2009 年 7 月

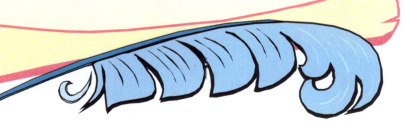

　　多样的气候，绚丽的美景，我们的地球就像一个神奇的万花筒，总带给人们无尽的惊喜和神奇。远处的美景始终吸引着我们的视线，当我们把目光投向远方，孩子们不禁要问：为什么藏族小朋友穿的衣服跟我们不一样呢？为什么傣族人住在竹楼里呢？为什么四川人那么喜欢吃辣呢？古语为什么有"南船北马"之说呢？所以，解答孩子们小脑瓜中的疑问，让他们认识不同气候对人们衣、食、住、行的影响就成了我们义不容辞的责任。

　　本书从我们身边常见的地理现象入手，讲述了风、云、雨的形成，如何进行气象观测和预报，我们的衣食住行与气候的关系，全球变暖以及危害等。每节课都以课堂活动的形式，激发学生探索自然奥秘的愿望。本书图文并茂，不仅适合青少年的心理特点，而且还根据知识内容，设计了很多生动活泼的实践活动。学生可以结合所学的内容进行自我检测与评估，以便更加深入地理解和巩固所学内容。

　　本书语言浅显易懂，内容贴近学生生活，实践活动符合青少年的年龄特点，具有很强的可操作性，可以很好地激发青少年的学习兴趣。该书不仅适合小学高年级科学课、社会课以及初中校本课程使用，而且也可以作为课外科技活动的辅助教材。

　　本书由北京市延庆县第二中学的冯淑英、乔立新、崔海蕊、施双艳等老师编写，鲁记东、刘俊清老师负责组稿。延庆县气象局的工程师韩文锦、贾怀录对本书内容提出宝贵意见与建议。

　　在教材的编撰过程中，北京市教委、北京师范大学出版社、北京市延庆县气象局等单位给予了大力支持，在此表示衷心地感谢。为了使本书内容更丰富、形式更活泼，书中采用了一些珍贵的图片，由于种种原因，我们没能与部分图片的著作权人及时联系上，恳请各位见书后能与我们联系，我们将依照国家的有关规定及时付酬。在此也特别感谢各位对我们的理解和支持！

目 录

风从哪里来

融融的春日，徜徉在青草地，伴着和煦的春风，使人无比惬意；炎炎的夏日，当人们奔走于大街上，忙碌于田地间，哪怕飘来一丝微风，也是我们所期待的；爽朗的秋日，畅游于树林间，阵阵秋风夹带的落叶，也会引起人们无尽的遐思；漫长的冬日，瑟瑟的寒风中，人们期盼春的脚步早日来临！

风，就像个顽皮的孩子，时不时地与我们玩着捉迷藏的游戏，它总是来无影，去无踪。那么，风究竟从哪里来呢？是传说中，从风婆婆的口袋里溜出来的吗？不，当然不是。

阅读与思考

一、风和风力等级表

民间相传司风的神仙是位婆婆，人称"风婆婆"，她司风的神器是个口袋，称作"风口袋"。故此，常有"风是从风婆婆的口袋里溜出来的"之说。

民间还相传，每年的农历八月初一是"祭风婆婆日"，这天农村家家户户都用黄米、大枣做成黏干饭来祭风婆婆，为的是在秋收扬场时可以得到如意的风向和风力。如果当日下雨则是不吉利的，有谚语云："八月初一下阵雨，旱到来年五月底。"

传说虽然美丽，但毕竟是传说。

实质上，风是空气流动时产生的一种自然现象。同学们都知道，地球上的光和热虽然主要来源于太阳，但是并非地表的每个部位都受热均等。因此，空气的冷暖程度也不同。于是，暖空气膨胀变轻后上升；冷空气冷却变重后下沉。这样，冷暖空气便产生流动，形成了风。在气象上，风常指空气的水平运动，并用风向、风速（或风力）来表示。

1805年，英国人F·蒲福根据风对地面（或海面）物体的影响，几经修改后，得到了风力等级表。由此可见，风是分等级的。

风力等级表

风级和符号	名称	风速/m	陆地物象	海面波浪	浪高/m
0	无风	0.0~0.2	烟直上	平静	0.0
1	软风	0.3~1.5	烟示风向	微波峰无飞沫	0.1
2	轻风	1.6~3.3	感觉有风	小波峰未破碎	0.2
3	微风	3.4~5.4	旌旗展开	小波峰顶破裂	0.6
4	和风	5.5~7.9	吹起尘土	小浪白沫波峰	1.0
5	劲风	8.0~10.7	小树摇摆	中浪折沫峰群	2.0
6	强风	10.8~13.8	电线有声	大浪白沫离峰	3.0

续表

风级和符号	名称	风速/m	陆地物象	海面波浪	浪高/m
7	疾风	13.9～17.1	步行困难	破峰白沫成条	4.0
8	大风	17.2～20.7	折毁树枝	浪长高有浪花	5.5
9	烈风	20.8～24.4	小损房屋	浪峰倒卷	7.0
10	狂风	24.5～28.4	拔起树木	海浪翻滚咆哮	9.0
11	暴风	28.5～32.6	损毁普遍	波峰全呈飞沫	11.5
12	飓风	32.7～	摧毁巨大	海浪滔天	14.0

注：本表所列风速是指离平地10米处的风速值。

风不仅能给人类的生产生活带来福音，也会带来困扰。为了更深刻、更形象地认识风、了解风、感受风，让我们来一起大声朗读并背诵下面的《风级歌》吧！

风级歌

零级烟柱直通天，
一级轻烟随风偏，
二级清风吹脸面，
三级叶动红旗展，
四级枝摇飞纸片，
五级带叶小树摇，
六级举伞步行艰，
七级迎风走不便，
八级风吹树枝断，
九级屋顶飞瓦片，
十级拔树又倒屋，
十一十二陆少见。

思考1：风是分等级的，哪些等级的风会给人类的生产生活带来不便和困扰？

二、测风的法宝——风向标、风速计

（一）风向标

风向标是最广泛的用来测量风向的主要仪器，主要由以下三部分组成：

旋转轴

尾翼

水平指向杆

在风的作用下，尾翼产生的旋转力不仅使风向标转动，而且还可以通过不断调整指向杆来指示风向。

记录风的符号：**F**（表示风向和风力）

风向指风的来向，一般用16个方位来表示。如：N——北风；SSE——南风转东南风。

在风的符号 F 上有许多小横杠，一条横杠表示二级风，两条横杠表示四级风。| 是风杆，风级的大小画在风杆的尾部（风尾）。风杆上风尾那端指示的是风的来向（风向），上面的这个符号就是"北风六级"。

（二）风杯风速计

风杯风速计是应用最广泛的一种风速计。由三四个半球形或抛物形空杯组成，且都朝一面均匀分布在同一个水平支架上，支架与转轴相连。在风的作用下，风杯绕转轴旋转，其转速与风速成正比。

风速指的是单位时间内空气的行程（水平流动速度），常以米/秒、千米/时、海里/时来表示。

通常测定风向、风速的仪器是电接风向标、风速仪。

三、风的"善恶"

风能使大范围的热量和水汽均衡混合，从而调节空气的温度和湿度；能把云雨送到遥远的地方，使地球上的水分循环得以完成。因此，风在自然界里做了许多有益的工作。

如果没有风，靠风力传播花粉的植物就无法传播、繁殖；污染的大气得不到稀释；帆船将无法在水上航行；人类赖以生存的空气会如同"一潭死水"，污浊不堪；许多生物将难以生存。

可是，风一旦发起脾气来，那也是非常可怕的。

当狂风怒吼的时候，已成熟的作物便会脱粒，落果，倒伏，根茎折断。狂风不仅能把肥沃的表土吹走，使作物根部裸露；还会把别处的沙土吹来，淹没良田。不仅如此，风还能把人吹倒，把房屋吹塌，把一切东西都卷走！

例如，在1860年，法国发生了一次暴风灾，风大得竟把两列火车从轨道上吹 翻下来。在1703年，飓风在英国和法国连根拔掉了大约25万棵树，不仅破坏了1 000所房屋和教堂，还把400只船撞在岸上，造成了好几千人的伤亡。

在高山和沙漠，大风中由于裹挟着沙石，其破坏力更是格外惊人。沙石随风一起冲撞，大风一路上摩擦破坏着岩石，把有些岩石打得光溜溜的，有些则打成像蜂窝状的一个一个凹洞或深坑。因此在山岩上，常常会看到对穿的穴道。在沙漠附近的山地，人们还会看到许多稀奇古怪的岩石，有的像巨

人，有的像竹笋，有的像蘑菇，这些其实都是风对岩石玩的把戏。

荒漠中的沙层，常常会对人类文化和进步形成威胁。历史上就曾经记载了不少的先例。例如，在风力作用下的流沙，掩埋了城镇，甚至吞没大片的肥沃土地。

沙尘暴是一种灾害性的天气现象，主要发生于干旱、半干旱乃至湿润地区。我国北方的沙尘暴天气，是特殊的地理环境和气候条件所致的自然现象。沙尘暴天气的发生必须具备三个基本条件：沙尘源、强风和不稳定的大气活动。其中，沙尘源是产生沙尘暴的物质基础，强风和不稳定的大气活动是动力。

思考2：（1）你怎样理解这里所说的风的善恶？
（2）分别说出沙尘暴发生的三个基本条件是什么。
（3）北京地区沙尘暴的多发期在什么季节？你能试着说明其原因吗？
（4）你知道沙尘暴都有哪些危害吗？人们应该如何预防呢？

实践与思考

活动 1 搜集风的谚语

活动内容

风是流动着的空气。风有从北方来的，有从南方来的，也有从别的方

活动内容

向来的。如果两种不同来向的风碰头，就极易发生冲突，这时就可以看到天气突变的现象。关于风的谚语有很多，让我们一起看一看：

　　* 东风四季晴，只怕东风起响声。（江苏南京）

　　* 五月南风赶水龙，六月南风星夜干。（广东）

　　* 六月西南天皓洁。（江苏无锡）

　　* 东风急，备斗笠，风急云起，愈急必雨。（《田家五行》）

思考3：（1）东风可怕吗？东风很强劲说明什么现象要发生？
　　　　（2）谚语中"天皓洁"指天气好还是坏？
　　　　（3）谚语中描述的是我国哪些地区的天气？

活动 **2** 风的测量

活动要求

　　坚持两周不间断地采集、积累数据；认真做好每天的记录。

活动步骤

　❶ 分小组完成下列记录表。

　　（1）在条件具备的情况下，可在校气象园进行测量，并采集、积累数据。

　　（2）可以坚持听天气预报进行数据的记录、积累。

　　（3）也可以上网查阅、收集数据，并积累。

活动步骤

日期	时间	风向	风速/m·s⁻¹	风力	记录员

❷ 对以上所采集、积累的数据进行分析。

（1）你测风的时节大体是哪个季节？

（2）这个季节大体盛行哪个方向的风？风力一般在几级？

（3）简述此季节的风给我们带来的益处与不便。

活动 3 听风、赏风、感受风

活动内容

❶ 根据以下图片，把你的感受或体会以你喜欢的方式记录下来。

活动内容

❷ 古诗欣赏。

《凉州词》
王之涣
黄河远上白云间，
一片孤城万仞山。
羌笛何须怨杨柳，
春风不度玉门关。

中国季风区和非季风区

思考4：诗中的"春风"指的是什么风？这首诗表达了什么意思？

活动内容

❸ 欣赏多彩的风，查找更多的"风姿"。

（1）散文诗欣赏

《四季风》

春天的风很软，它一摸到柳枝，柳絮就漫天飞舞。

夏天的风很轻，它踏在荷叶上，连露珠也没碰落。

秋天的风很重，它停在高粱上，田野就被压红了。

冬天的风很硬，它刚踩上小河，小河就结了冰。

活动内容

（2）关于风的古代诗歌欣赏

《风》

李 峤

解落三秋叶，能开二月花。

过江千尺浪，入竹万竿斜。

（3）关于风的现代诗歌欣赏

《风》

叶圣陶

谁也没有看见过风，

不用说我和你了。

但是树叶颤动的时候，

我们知道风在那儿了。

谁也没有看见过风，

不用说我和你了。

但是林木点头的时候，

我们知道风正走过了。

谁也没有看见过风，

不用说我和你了。

但是河水起波纹的时候，

我们知道风来游戏了。

（4）补充诗句

《村 居》

高 鼎

草长莺飞二月天，拂堤杨柳醉春烟。

——————，——————。

思考 5： "风姿"是多彩的，你在欣赏风的同时感悟到了什么？

检测与评估

简答题

① 请你用一句最简洁的话概述什么是风。
② 请你用自己的语言，简述一下风的形成原因。
③ 风的运动状态通常用哪些指标来表示呢？
④ 测定风向、风速的方法和仪器有哪些？

资料与信息

① 国墨书法网：http://www.guomo.com
② 亿库教育网：http://www.eku.cc

提示与答案

检测与评估

简答题

1. 风是空气流动时产生的一种自然现象。

2. 地球上的光和热虽然主要来源于太阳，但是并非地表的每个部位都受热均等。因此，空气的冷暖程度也不同。于是，暖空气膨胀变轻后上升；冷空气冷却变重后下沉。这样冷暖空气便产生流动，形成了风。

3. 用风向、风速（或风力）来表示。

4. 仪器：风向标、风速计。

   提示：具体测量方法参看阅读与思考"测风的法宝——风向标、风速计"。

高天上流云，有晴也有阴……"正如歌中唱到的一样，天空中的云真是姿态万千、变幻无常。它犹如上天派来的使者，有时化作一道彩虹，把七色光彩洒向人间；有时绘出满天的彩霞，把天空渲染得光彩夺目；有时身披雪白的绫纱，显示出圣洁无暇的美艳；有时为人遮挡烈日，把一片阴凉献给人间；有时化作润心的甘霖，让万物露出笑脸；有时带来狂风骤雨，将恶浊的垃圾卷入深渊……

云，如此美丽、神奇，它是怎样形成的？作为天气的使者，它又会给人类带来哪些讯息呢？

阅读与思考

一、云的形成原因

云的形成原理其实很简单，只需要两个最基本的条件：一是有充分的水汽，二是有使水汽凝结的凝结核，两个条件缺一不可。地面上的水分，遇热蒸发形成水蒸气，渐渐上升到天空中。当水汽到达空中一定高度时（凝结高度），因为四周温度较低，使空气中的水汽呈现过饱和状态，过多的水汽开始与周围的浮尘微粒（凝结核）凝结成小水滴，然后聚在一起。这些聚集的小水滴，重量比空气浮力小，所以不会落到地面上，而是在天空中形成一朵一朵的云。

如果空气是绝对纯净的，没有任何杂质，水汽分子就无从依附。单个水汽分子之间相互合并的能力在一般气温条件下是很小的，它们相碰后往往又分开。即使聚合起来形成细小的水滴，因为水汽分子很小，形成的小水滴也很微小，在空中会被迅速蒸发掉。因此，要使水汽发生凝结，必须

要有使水汽依附、聚集的凝结核。大气中含有大量的微小粒子，例如盐粒、烟粒、尘埃等，它们在水汽凝结成水滴的过程中起着凝结的核心作用，这些微小的粒子被称为凝结核。凝结核是很小的，它比云滴（云中水滴或冰晶）、雨滴要小得多。通常雨滴半径为1毫米，云滴为1/100毫米。人的头发丝半径约为5/100毫米，而凝结核比人的头发丝还要细得多。

思考1：（1）你能试着说明云是怎样形成的吗？
（2）什么是凝结核？它在云的形成过程中起什么作用？

二、云的种类与天气

　　依据云的厚度、形状、性质等，气象学家将云分为不同的种类。它们形态各异，像羽毛、像绢丝、像鳞片、像棉花、像羊群……这些不同种类的云的产生和消散，相互间的演变和转化，都不是无缘无故的，而是在一定的水汽条件和大气运动条件下进行的。它们预示着天气的变化。

卷云

卷云：像羽毛、像绫纱，最高；
阳光可以透过它照到地面，天气晴朗。

卷积云

卷积云：像鳞波，很高；
它不会带来雨雪。

积云

积云：像棉花团，高2 000米左右；
在天空映着温和的阳光。

高积云

高积云：像羊群，高2 000米左右；
云块间露出碧蓝的天空，呈晴天。

卷层云

卷层云：仿佛白色绸幕，高；
它向前推进，天气将转阴。

高层云

高层云：像毛玻璃，低；它越变越厚，
预示着将要下雨或下雪。

雨层云

雨层云：布满天空，较低，雨雪就要开始下降。

积雨云

积雨云：形成高大的云山，较低，马上就会下暴雨。

三、多姿多彩的云

（一）庐山云雾

　　庐山江环湖绕的特殊地理位置，为庐山成云生雾提供了充足的水蒸气。庐山气候湿润，雨量充沛，降水易于蒸发，源源不断的水汽穿山走谷，凝结成雾，从山下看，雾即为云。由于庐山地势较高，温度较低，沟壑涧谷遍布全山，处在四季分明的不同气候下，便形成了各种形态的云雾景象，最为奇特的要数"瀑布云""云海""云梯云"等。

　　思考2：庐山的云雾漫山缭绕，分不清哪是云哪是雾？正所谓："云非云，雾非雾；云即为雾，雾即是云！"那么，请问云和雾有区别吗？

（二）八达岭云雾

　　绿遍山原，巨龙腾飞！曲折蜿蜒、绵延万里的长城充满了勃勃生机。而云雾中的八达岭长城，宛如隐藏在纱幔之中，若隐若现。缭绕的云雾不仅增添了其神秘色彩，也更加令人心旷神怡。壮美的河山是大自然丰厚的馈赠，美丽的风景让人心驰神往，那么让我们来进行一次实地考察吧！

实践与思考

活动　看云识天气

活动内容

　　日常生活中，我们经常会听到类似于这样的谚语：

　　*鱼鳞天，不雨也风颠。（《田家五行》）

　　*日落云里走，雨在半夜后。（《田家五行》）

　　*云从东南涨，下雨不过晌。（河北保定）

　　*南北戴帽，长工睡午觉。（河南嵩县）

　　*天上钩钩云，地下雨淋淋。

　　*天上鲤鱼斑，明天晒谷不用翻。

　　*黄云上下翻，将要下冰蛋。

活动内容

＊云吃雾下，雾吃云晴。（内蒙古呼和浩特）

请你上网查找更多关于云的谚语，并仔细观察天空中的云，试着通过解读云的讯息，来预测一下天气吧！

活动提示

① 通过照相进行记录，针对不同形态的云，进行种类的识别。

② 根据已确认的云的类型，认真观察其后的天气情况，并进行对照。

③ 通过自己得出的观察结论，来验证一下以上这些谚语是否有道理。

思考 3：为什么说云是天气的使者？

检测与评估

一、选择题

① 云产生的条件有（   ）（多选）

　　A．有充足的水汽　　　　　　　B．使水汽凝结的凝结核

　　C．无需凝结核　　　　　　　　D．空气必须是纯净的，无任何杂质

② 凝结核指的是（   ）（多选）

　　A．大气中含有的大量微小粒子　B．盐粒

　　C．烟粒　　　　　　　　　　　D．尘埃

③ 凝结核的大小（   ）

　　A．半径为1毫米　　　　　　　B．半径为1/100毫米

　　C．半径约为5/100毫米　　　　D．比人的头发丝还要细得多

二、判断题

1 云的形成需要纯净的空气，不能有杂质。　　　（　　）
2 凝结核比云滴、雨滴稍大些。　　　　　　　　（　　）
3 云即是雾，雾即是云。二者没有区别。　　　　（　　）
4 晴云包括：卷云、卷积云、积云、高积云。　　（　　）
5 卷层云、高层云、雨层云、积雨云都属于阴雨云。（　　）

三、简答题

1 用自己的话描述一下云是怎样形成的。
2 说出三种以上云的类型，以及它们分别预示着的天气状况。

资料与信息

1 中国北方文学网：http://www.bfwx.cn
2 中国旅游网：http://www.51yala.com
3 游友商务网：http://www.59766.cn
4 中国九江网：http://www.jiujiang.gov.cn
5 风之行探险—西藏旅行咨讯网：http://www.windgo.com

提示与答案

检测与评估

一、选择题

1. AB　2. ABCD　3. D

二、判断题

1. 错。因为有杂质的水汽分子才可依附。
2. 错。云滴由许多凝结核汇集而成，雨滴又由许多云滴凝聚而成。

3．错。人们常说："天之云，地之雾。"其实，云和雾都是由细微的水滴或冰晶组成的。我们知道，当大气中的水蒸气凝结成大量的水滴，飘浮在空气中时，就形成了云。云通常不接触地面，接触地面时即称为雾。

4．对。

5．对。

三、简答题

1．提示：参看阅读与思考"云的形成原因"。

2．提示：参看阅读与思考"云的种类与天气"。

精灵般的雨滴，如同跳跃的音符，谱写着大自然的旋律！春天的雨，正如朱自清笔下描写的"像牛毛、像花针、像细丝……" 如丝如缕的春雨飘落于山川田野，滋润着世间万物。这不由使人想起了杜甫的诗：《春夜喜雨》"好雨知时节，当春乃发生。随风潜入夜，润物细无声。"

夏天的雨，来得勤。时而绵长时而短急。滂沱过后，北方久旱的秧苗，仿佛映照着农民满脸的喜悦；而此时的南方，则时时透着凶险的汛情。如此般地酣畅淋漓，真是让人喜忧参半！

那么，这千变万化的雨滴精灵，是从何而来呢？

阅读与思考

一、云滴怎样形成雨滴

我们已经知道，云是由许多云滴组成的。而雨滴是由云滴增长变大而成的。那么，云滴是怎样增长变大的呢？

其实，雨滴主要是靠云滴继续凝结和互相碰撞、并合而增大的。云滴要增大到雨滴的大小，首先需要云很厚，云滴浓密，含水量多。这样，它才能继续凝结增长；其次，还需要存在较强的垂直运动，这样才能增加多次碰撞、并合的机会。而在比较薄和比较稳定的水云中，云滴没有足够的凝结、并合增长的机会，只能形成多云、阴天，而不大会下雨。

在各种不同的云内，云滴大小的分布各不相同。造成云滴大小不均的原因，就是周围空气中水汽的转移，以及云滴的蒸发。使云滴增长的主要是凝结过程与碰撞并合过程。在只有凝结作用的情况下，云滴的大小是均匀的。但由于水汽的补充，使某些云滴有所增长，再加上并合作用的结果，就使较大的云滴继续增长变大成为雨滴。雨滴受地心引力的作用而下降。当有上升气流时，就会有一个向上的力加在雨滴上，使其下降的速度变慢，有些小雨滴还可能被带上去。只有当雨滴增大到一定程度时，才能下降到地面，形成降雨。

思考1：（1）水云中的小水滴是怎样形成雨滴的？
　　　　　（2）你能试着说明降雨是如何形成的吗？

二、我国降水的分布特点

俗语说："东边日出西边雨。"可见，由于地点的不同，天气的阴晴状况也是不一样的。我国幅员辽阔，由于地域的不同，降水量的多少自然也存在着很大的差异。

影响我国降水分布不均衡的主要原因是海陆位置。大家都知道，我国东南部临海，西北部与内陆深接。由于受夏季风（东南季风和西南季风）的影响，我国东部广大地区降水多；而西北内陆地区受夏季风影响小，降水稀少。我国降水的空间分布规律为：东多西少，南多北少；且从东南沿海向西北内陆逐渐减少。因此，我国东南部地区湿润，越向西北部内陆地区越干旱。

西北地区景观变化图

西部 ← ──────────────────── → 东部

准噶尔盆地的荒漠　　　贺兰山以西的荒漠草原　　　内蒙古的锡林郭勒草原

思考2：我国西北地区由东向西从草原—荒漠草原—荒漠景观变化的原因和哪些因素有关？

另外，我国降水在时间分布上还有一定的规律。

首先，降水季节分配不均。我国降水主要集中在

每年5~9月的夏秋季节。夏季受来自海洋的暖湿气流（夏季风）的影响，降水丰沛；冬季受来自大陆的干冷气流（冬季风）的影响，降水稀少。因此，我国旱涝灾害频繁。若夏季风强或来得早，则北涝南旱；反之，若夏季风弱或来得晚，则南涝北旱。

华北麦田

北方玉米

长江中下游水稻

其次，我国各地降水还存在年际差异。其中，南方变化较小，北方变化较大，西北干旱地区变化最大。这主要是由于夏季风进退的规律反常所造成的。这种年际差异较大的降水也给人们的生产带来

为什么说"冬南夏北，转眼雨落"？

"冬南夏北，转眼雨落"这句天气谚语，意思是说，冬天吹南风，夏天吹北风，如果风力比较大，那么，不久就会下雨了。

冬天，我国大部分地区天气比较寒冷，冷空气来自亚欧大陆的北方，因此各地经常吹北风或西北风。冷空气较干燥，在这种冷而干燥的空气的控制下，晴天较多。而南风来自南方海洋，它热而潮湿，一旦南风与冷空气相遇，就会使水汽凝结成水滴，形成降水。所以，在冬天吹南风是要落雨或下雪的。

夏天，正是一年内天气最热的时期，我国大陆上经常吹偏南风；一旦北方的冷空气南下，那么冷热空气碰在一起，又会形成降雨。

我们懂得了"冬南夏北，转眼雨落"的道理，就可以根据冬夏季节风向的变化，来预测天气的变化。

了很大的影响。

思考3： 结合我国降水的差异，用自己的话说说我国南、北方地区生产生活中存在哪些差异。

三、千奇百怪的雨

（一）银币雨

1940年6月15日，前苏联的高尔基地区突然电闪雷鸣，狂风暴雨大作。在暴雨中有数千枚银币从天而降。拾到者一看，那是中世纪时期的银币，上面的俄文表明是沙皇伊凡第五代的银币。据科学家、考古学家考查证实，原来这些银币被埋葬在古代贵族的一座坟墓里。由于暴雨猛烈地冲刷了坟墓上的泥土，致使墓口的银币都暴露了出来。接着，这些银币被巨大的龙卷风卷到了天空的云层里，在空中飘行了数十里，待风力变小时，又随着暴雨纷纷落了下来，成为一场举世罕见的银币雨。

（二）谷子雨

我国东汉建武年间（公元55年），在陈留郡（今河南省开封一带）降落过一场谷子雨，许许多多的谷子跟随着暴雨从天而降。当地百姓又惊又怕，当时统治阶段乘机大肆宣扬"这是上天显灵，是因帝王圣明，感动了玉皇大帝，才将谷子赐惠于百姓"。东汉杰出的唯物主义哲学家王充，科学地解释了谷雨中的谷子是因旋风从外地席卷而来的，有力地揭穿了统治阶级愚弄百姓的谎言。

（三）鱼雨

在世界众多怪雨中，要数鱼雨为数最多。鱼雨在英国、美国和澳大利亚屡见不鲜，尤其是澳大利亚，鱼雨经常出现，以致报纸已不愿再刊登这类令人乏味的消息。1974年2月，澳大利亚的一个村子里，降下了150多条河鲈似的银汉鱼。1949年8月，在新西兰沿岸地区下了一场鱼雨，成千上万尾鱼撒满一地，有鳕鱼、银枪鱼、黑鱼、乌鱼等，无奇不有。

实践与思考

活动 1 降雨量的测量

活动内容

认识雨量器

去校气象园（或气象站）参观，认识雨量器，并掌握降雨量的测量方法。

雨量器由四部分组成，分别为盛水器、漏斗、储水筒和储水瓶，另外还配有与储水瓶口径成比例的量杯。

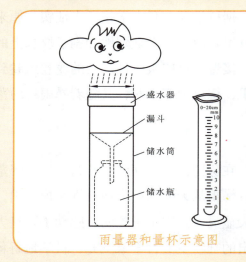

盛水器
漏斗
储水筒
储水瓶

雨量器和量杯示意图

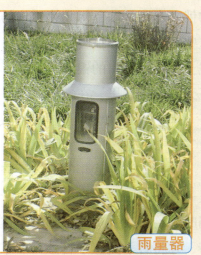

雨量器

活动步骤

测量降水量的方法

❶ 有雨时，雨水落入盛雨器，通过漏斗流入储水瓶。

❷ 量雨时，将储水瓶取出，把水倒入量杯内。

❸ 从量杯上读出的刻度数（毫米）就是降水量。

注：冬季降雪时，要把漏斗和储水瓶取走，直接用储水筒容纳降水。

活动步骤

测量降水量时，把储水筒取出带到室内，待筒内的雪融化后，倒入量杯里，再读取降水量的刻度数（毫米）。

活动 2 绘制降水柱状图

活动内容

通过雨量器，我们可以测量降水量的多少。（注：降水是指从云层中降到地面的液态水和固态水的统称，包括雨、雪、冰雹等。其中降雨是降水的主要形式。）如果要了解某一地区的气候特征，了解其降水状况是主要的方面。那么仅仅根据一两次的测量数据是远远不够的，需要测得一年12个月每月的平均降水量。

月份	1	2	3	4	5	6	7	8	9	10	11	12
数值 /mm	3.0	7.4	8.6	19.4	33.1	77.8	192.5	212.3	57.0	24.0	6.6	2.6

要求：根据各月平均降水量值，把降水柱状图绘制完整。

降水量/mm

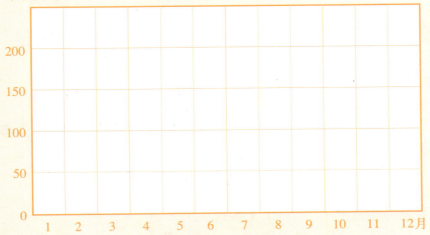

活动 3 写一篇关于雨的文章

活动内容

　　雨是多姿多彩的。许多文人墨客都曾描绘过对雨的不同感悟……那么，你心目中的雨又是什么样子的呢？借助你手中的笔，抒发出来吧！

检测与评估

一、选择题

1 云滴形成雨滴的条件是（　　　　）（多选）

　　A．凝结　　　　B．互相碰撞　　　　C．并合而增大　　　D．以上都不是

2 我国降水的空间分布规律是（　　　　）（多选）

　　A．东多西少　　　　　　　　　　　　B．南多北少

　　C．从东南沿海向西北内陆逐渐减少　　　D．以上都对

3 雨量器的构造有（　　　　）（多选）

　　A．盛雨器　　　B．储水瓶　　　　C．漏斗　　　　D．量杯

二、判断题

1 雨滴是由云滴凝结、碰撞、并合而成的。 （　）
2 降水就是指降雨。 （　）
3 影响我国降水分布不均衡的主要原因是海陆位置。 （　）
4 我国各地降水年际差异很小。 （　）
5 雨量过多或过少都会形成自然灾害。 （　）

三、简答题

1 你能试着说明降雨是如何形成的吗？
2 简述我国降水的分布特点。

资料与信息

● 亿库教育网：http://www.eku.cc

提示与答案

检测与评估

一、选择题

1．ABC　2．ABCD　3．ABCD

二、判断题

1．对。

2．错。因为降雨只是降水的主要形式。

3．对。

4．错。我国疆域辽阔、地形复杂，因此各地降水年际差异很大。

5．对。

三、简答题

1．提示：参看阅读与思考"云滴怎样形成雨滴"。

2．提示：参看阅读与思考"我国降水的分布特点"。

4 南稻北麦——气候与农业
NANDAOBEIMAI——QIHOUYUNONGYE

同学们，你们知道这两张图片上的农作物是什么吗？对，上面图片中的农作物是小麦，下面图片中的农作物是水稻。我们去南方看到的大片农作物就是水稻，而在北方看到的农作物主要是小麦。农民在选择种植农作物的种类时的依据是什么呢？对，主要依据当地的气候和其他的自然条件。南北方不同的气候条件形成了我国南稻北麦的农业格局。我们一起看一看气候还影响农业的哪些方面吧！

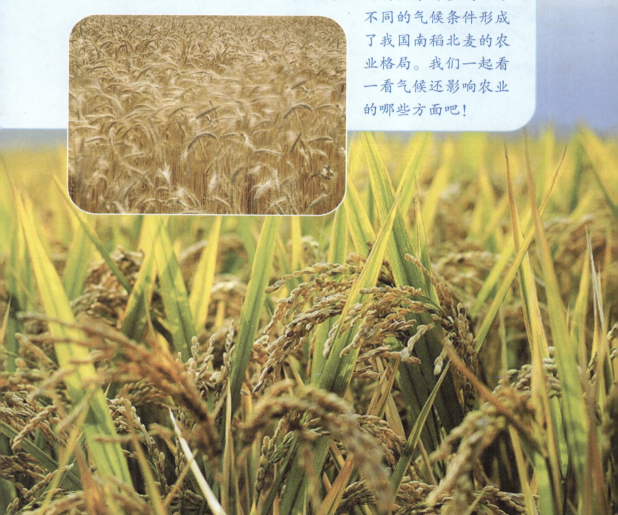

阅读与思考

常言道："万物生长靠太阳，雨露滋润禾苗壮。"可见，气候条件对农业生产极其重要，不同的农作物要求的气候条件也不同。所以说气候条件是农业生产重要的影响因素。

一、水稻与气候

中国是世界上水稻栽培历史最悠久的国家，据浙江余姚河姆渡发掘考证，早在六七千年以前这里就已种植水稻，比泰国还早千余年。水稻喜高温、多湿、短日照，对土壤要求不严，所以主要分布在热量较多、降水较丰富的或灌溉便利的地方。水稻集中产区是秦岭—淮河以南的广大地区。由于气候因素的影响，水稻一般都是一年两熟或三熟。在我国的东北和华北地区也有水稻种植，都是一年一熟。水稻是一种可食用的谷物，中国南方称"稻谷"或"谷子"，脱壳为大米。煮熟后称"米饭"或"白饭"。

插秧

因为我国南方的气候高温多雨，符合我们水以我们愿意在这里安家落户。但是我的一些兄弟姐妹们选择了在东北安家，他们的名气很大，让我们看一看吧。"

"我来自白山黑水之间，优越

的自然条件为我提供了充足的营养。优质的东北大米呈椭圆形，煮出来的米饭虽然颗粒分明，却不松散，还成团。米粒不仅圆润有光泽而且还有特殊的米香味。软硬适中有劲道，营养丰富。"

思考1：在我国，水稻主要分布在南方还是北方地区？这跟什么有关？

二、小麦与气候

我国北方地区降水较少，气温较低，耕地主要以旱地为主，适合种植喜干旱的小麦。根据种植和收获季节不同，小麦又可分为冬小麦和春小麦。

在我国一般以长城为界，长城以北大体为春小麦，以南则为冬小麦。

思考2：小麦分布在我国的哪些地区？为什么分布在这些地区？与气候条件有什么关系？

三、水果与气候

你知道"南橘北枳"这个成语吗？字面上的意思是什么呢？

枳：落叶灌木，味苦酸，球形。也叫枸橘。南方之橘移植淮河之北就会变成枳。淮河以南的橘子是甜的，淮河以北的橘子是苦涩难吃的，出现这种情况主要是气候差异和土壤成分不同所导致的。南北方地区的水果由于自然环境的原因，不仅各有各的特点，而且各地区分布的种类也不相同。让我们品尝一番吧！

水果对地域分布的选择比粮食要严格。在我国，热带、亚热带水果如椰子、芒果、菠萝、桂圆、荔枝、柚子、香蕉等最怕0℃低温，因而只分布在华南地区。柑橘、枇杷等亚热带水果能耐轻寒，而在零下9℃甚至以下低温时便会造成严重冻害，一般只分布在秦岭—淮河以南地区。

秦岭—淮河以北的温带地区则盛产苹果、梨、柿子、葡萄等温带水果。苹果是喜冷凉干燥的温带果树，要求冬无严寒，夏无酷暑，气温年较差小，日较差大。我国长城以北和新疆北部地区，因为冬季过于严寒，苹果等温带水果难以生长。近年来，利用嫁接、杂交等方法，苹果已开始向更北的地区扩展。

实践与思考

活动 1 查一查我国南北方其他的经济作物有哪些不同

活动内容

　　人们做饭时使用的烹调油是从一些油脂含量很高的油料作物的果实或种子中提炼出来的。常见的油料作物主要有花生、大豆、芝麻、油菜、向日葵等。花生、豆类以及一些干果的仁中都可以提炼出油来。

　　油菜是我国播种面积最大、种植最广泛的作物，以长江流域最为集中。油菜作为喜温品种，在北方是春种夏收，在南方则是秋种夏收。

　　花生为豆科作物，地上开花，地下结果，又名"落花生"或"长生果"。分布在我国的华北平原和东南沿海的丘陵地区。花生喜温暖干燥，多生长在疏松的沙质土壤中。

　　思考3： 上面两幅图片中的作物哪个属于北方，哪个属于南方？它们的分布跟气候是否有关？

活动 ❷ 搜集其他经济作物的图片并分析其分布的成因

活动内容

同学们，你们平时吃的是什么糖？你们了解它们吗？日常生活中，我们常吃的白糖、红糖、水果糖、冰糖等，是由甘蔗或甜菜制成的，制成糖以后，经过一番

加工精炼就成为白糖。它们都是纯碳水化合物，只供热能，不含其他营养素，但具有润肺生津、和中益肺、舒缓肝气的功效。

甘蔗是热带、亚热带作物，需要充足的热量和水分，在我国种植历史悠久。甜菜俗称甜萝卜，喜欢凉爽，耐盐碱。

思考 4：上面两幅图片的作物哪个分布在北方，哪个分布在南方？它们各自的用途是什么？

活动 ❸ 查一查当地的农作物

活动内容

❶ 当地有哪些农作物？

❷ 说说不同农作物种植的时间和收获的时间。

活动内容

❸ 它们的分布跟当地的气候和其他自然要素是否有关？

❹ 当地的气温、降水有什么特点？

项 目		秦岭—淮河以北地区	秦岭—淮河以南地区
1月平均气温		0 ℃以下	0 ℃以上
气候	温度带	暖温带	亚热带
	年降水量/mm	400~800	800以上
	干湿地区	半湿润地区	湿润地区
耕地类型		旱地	水田
耕作制度		一年一熟至两年三熟	一年两熟至一年三熟
主要粮食作物		小麦	水稻
主要油料作物		花生	油菜
主要糖料作物		甜菜	甘蔗

检测与评估

一、选择题

❶ 我国北方主要的粮食作物是（ 　　　）

A．水稻　　　　B．玉米　　　　C．小麦　　　D．青稞

❷ 我国南方主要的粮食作物是（ 　　　）

A．水稻　　　　B．玉米　　　　C．小麦　　　D．青稞

❸ 我国北方主要的油料作物是（ 　　　）

A．葵花籽　　　B．玉米　　　　C．油菜籽　　D．花生

❹ 我国南方主要的油料作物是（ 　　　）

A．葵花籽　　　B．油菜籽　　　C．玉米　　　D．花生

⑤ 我国北方主要的糖料作物是（　　　）

　　A．苹果　　　　　B．桃子　　　　　C．甘蔗　　　　D．甜菜

⑥ 我国南方主要的糖料作物是（　　　）

　　A．苹果　　　　　B．桃子　　　　　C．甘蔗　　　　D．甜菜

⑦ 我国北方的耕作制度是（　　　）

　　A．一年一熟或两年三熟　　　　　B．一年三熟

　　C．一年两熟或三熟

⑧ 我国南方的耕作制度是（　　　）

　　A．一年一熟或两年三熟　　　　　B．一年三熟

　　C．一年两熟或三熟

二、填空题

① 我国南北方地区的分界线是_____。

② 我国北方的耕地类型是_____，我国南方的耕地类型是_____。

资料与信息

● 中国大米网：http://www.chinadami.com

提示与答案

检测与评估

一、选择题

　1．C　2．A　3．D　4．B　5．D　6．C　7．A　8．C

二、填空题

　1．秦岭—淮河一线　2．旱田　水田

5 中华民族服装秀——气候与服饰
ZHONGHUAMINZUFUZHUANGXIU——QIHOUYUFUSHI

中国南、北方的自然条件有很大的差异。北方风雪严寒，森林、草原宽阔，分布在其间的北方少数民族多靠狩猎畜牧为生；南方温热多雨，山地峻岭相间，生活在其间的少数民族多从事农耕。不同的自然环境、生产方式和生活方式，不仅造就了不同的民族性格和民族心理，而且也形成了不同的服饰风格和服饰特点。轻盈的草裙与炎热的气候相关；厚重的皮服与严寒的气候为伴。地理环境的差异性导致了服饰的多样化。那么，我国各地区的服饰有哪些差别呢？

阅读与思考

一、汉族服饰的演变

（一）五种正色

在服饰的色彩上，汉族视青、红、皂、白、黄五种颜色为"正色"。不同朝代也各有崇尚，一般是夏黑、商白、周赤、秦黑、汉赤，唐服色黄，旗帜色赤，到了明代，定以赤色为宜。但从唐代以后，黄色曾长期被视为尊贵的颜色，往往天子权贵才能穿用。

（二）神秘的"中国术"

服饰的原料，主要有麻布、丝绸、棉布、毛呢、皮革等。汉族的染织工艺，以其历史悠久、技术先进、制作精美而在世界上独树一帜、享有盛誉。古代染织，特别是丝织方面，在相当长的时间内是世界上独有的。古代的染色技术也极为卓越和先进，不仅颜色种类多，色泽鲜艳，而且染色牢固，不易褪色，被西方人誉为神秘的"中国术"。其方法大体可分为织花、印染、刺绣、书花四大类。

（三）从抽象到写实的衣服图案

汉族服饰的装饰纹样上，多采用动物、植物和几何图案。图案的表现方式，大致经历了抽象、规范、写实等几个阶段。商周以前的图案，与原始的汉字一样，比较简练、概括，抽象性极强。周朝以后至唐宋时期，图案日趋工整，上下均衡、左右对称，纹样布局严密。明清时期，已注重写实手法，各种动物、植物，往往被刻画得细腻、逼真、栩栩如生，仿佛直接采撷于现实生活，而未作任何加工处理。这充分显示了汉族人民的勤劳与智慧。

清代男子的服饰以长袍马褂为主，此风在康熙后期、雍正时期最为流行；妇女服饰在清代可谓满、汉服饰并存。满族妇女以长袍为主，汉族妇女则仍以上衣下裙为时尚。清代中期始，满汉各有仿效，至后期，满族效仿汉族的风气颇盛，甚至史书有"大半旗装改汉装，宫袍截作短衣裳"之记载。而汉族仿效满族服饰的风气，也于此时在达官贵妇中流行。妇女服饰的样式及品种至清代也愈来愈多样，如背心、裙子、大衣、云肩、围巾、手笼、抹胸、腰带、眼镜……层出不穷。

（四）中国旗袍

从20世纪20年代至40年代末，中国旗袍风行了20多年，款式几经变化，如领子的高低、袖子的短长、开衩的高矮，使旗袍彻底摆脱了老式样，改变了中国妇女长期束胸裹臂的旧貌，让女性体态和曲线美充分显示出来，正适合当时的风尚，为女性解放立了一功。青布旗袍最为当时的女学生所欢迎，一时不胫而走，全国效仿，几乎成为20年代后期中国新女性的典型装扮。值得一提的是，当时作为领导服装潮流的十里洋场中的摩登女郎、交际名媛、影剧明星等，在旗袍式样上的标新立异，也促进了它的发展。自20世纪30年代起，旗袍几乎成了中国妇女的标准服装，民间妇女、学生、工人、达官显贵的太太，无不穿着。旗袍甚至成了交际场合和外交活动的礼服。后来，旗袍还传至国外，为他国女子效仿穿着。

二、五彩缤纷的少数民族服饰

（一）傣族服饰

有人说，傣族妇女的穿着打扮是全世界最美丽的，它就像孔雀开屏一样，五彩缤纷，美不胜收。妇女传统服饰是窄袖短衣和长到脚面

傣族泼水节

的筒裙，衣衫紧而短，下摆仅至腰际，袖子却又长又窄，并且有轻、薄的特点。女人的筒裙完全适应西双版纳四季如春的气候和多水的环境。

傣族是云南省的少数民族，主要分布于云南省南部和西部的河谷平坝地区。傣族人生活的地方，都是热带、亚热带地区，那里气候温热，山林茂密。

 思考1：傣族的服装有什么特点？这种服饰跟当地的气候是否有关？

（二）蒙古袍

蒙古族的传统服装为袍子，俗称"蒙古袍"。蒙古袍是蒙古族人民为适应牧业生产和自然环境而创制的

一种古老的传统服装。这种服饰不但方便了蒙古人的生活，而且充满了浓郁的民族特色。

长期的南征北战、游牧迁徙，使得蒙古人一年四季都身穿袍子。春秋穿夹袍，夏季穿单袍，冬季穿皮袍、棉袍。草原牧民一年中常穿的长袍是把生绵羊皮用酸乳加以毛皮朝外缝制而成，日可为衣，夜可当被。一般蒙古袍的特点是右开襟，不开衩，袖长而窄，高领，宽下摆，适合于牧区生活。

内蒙古地域广袤，冬季不仅漫长寒冷，而且寒暑变化剧烈显著。内蒙古自治区地处中纬度西风带，地处内陆腹地，远离海洋，故属于较强的大陆性气候，多数地区干旱少雨，冬夏温差悬殊。冬春季多风大，年平均风速在

 思考2：蒙古族的服装有什么特点？这种服饰跟当地的气候是否有关？

3米/秒以上。

（三）藏族人的长袍

藏族人喜欢穿长袍。尤其在高寒的牧区，长袍的优点非常明显。穿长袍很方便，热的时候，人们就把长袍的一只袖子脱下来披在腰间用以散热。到了晚上长袍又是一床挺不错的被子。只是藏族人穿长袍时总是把一只袖子脱下，时间一长，被脱下的那只袖子似乎变成了装饰。

藏族人为什么喜欢穿长袍呢？藏族聚居的地区，大多在高原地区，海拔4 000多米，一般日平均气温要比同纬度平原地区低24 ℃左右；又由于空气稀薄，无论农区还是牧区，日照都很充足，气温日变化大，昼热夜冷早晚凉，常常是太阳当空时气温很高，云彩遮住太阳时，气温一下子就变得很低。白天他们将一只胳膊露出皮袍外，行走劳动时，将双袖扎于腰间，一旦天气骤然变冷，可将胳膊穿进袖筒，以适应高原多变的天气，这比更换增减衣服方便得多。藏族世居雪域高原。特殊的地理环境、气候条件和高原畜牧业、高原农业的生产方式，决定了其服饰文化的风格与特点。

三、阿拉伯人的长袍

阿拉伯人外出常常头缠层层白色的头巾，身穿宽大的白色长袍；女子外出蒙着黑色面纱。阿拉伯宽大的长袍，不仅能遮住全身，而且外界的风吹入袍内，迅速蹿遍上下，还起着一种"烟囱效应"，将身体上散发的湿气一扫而去。与此同时，由于人体皮肤都被宽大的长袍遮住，阻挡了日光对体表的直接照射，而灌满长袍内的空气又起到良

阿拉伯服饰

好的隔热作用，因而使人感到凉爽、舒适。

　　阿拉伯地区黄沙滚滚，气候干旱，天气晴朗，日照强烈。白色的缠头巾和宽大的白色大袍，不仅有利于遮挡强烈的阳光，而且可以保护皮肤免受伤害。

实践与思考

活动 1　查阅中国的气候类型图

活动内容

　　我国幅员辽阔，跨纬度较广，距海远近差距较大，加之地势高低不同，地形类型及山脉走向多样，因而多种多样的气温降水组合，形成了复杂的气候类型。中国东部的气候具有夏季高温多雨、冬季寒冷少雨、高温期与多雨期一致的季风气候特征。

　　结合下图，描述中国的气候类型：

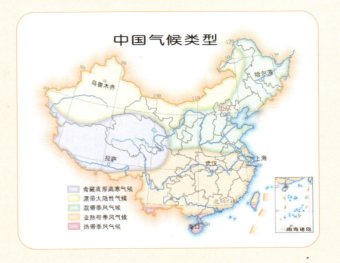

中国气候类型

青藏高原高寒气候
温带大陆性气候
温带季风气候
亚热带季风气候
热带季风气候

活动 **2** 搜集我国各少数民族的服装图片

活动内容

① 搜集2～3套民族服装。

② 介绍这些服装是哪个地区的人穿的。

③ 给大家介绍你搜集服装的特色以及如何穿着与当地气候是否有关。

布依族　　　　　白族　　　　　朝鲜族　　　　　壮族

检测与评估

一、选择题

① 傣族分布的主要省区是（　　　　）

　　A．云南　　　　B．四川　　　　　C．贵州　　　　　D．海南

② 蒙古袍是我国哪个民族的服饰？（　　　　）

　　A．壮族　　　　B．回族　　　　　C．藏族　　　　　D．蒙古族

③ 云南的气候类型是（　　　　）

　　A．温带大陆性气候　　　　　　　B．热带、亚热带季风气候

　　C．高寒气候　　　　　　　　　　D．温带季风气候

④ 内蒙古自治区的气候类型是（　　　　）

　　A．热带、亚热带季风气候　　　　B．温带大陆性气候

　　C．高寒气候　　　　　　　　　　D．温带季风气候

⑤ 藏族聚居的地区是（　　　　）

　　A．西藏自治区　　　　　　　　　B．宁夏回族自治区

C．新疆维吾尔自治区　　　　　　D．内蒙古自治区

6　西藏自治区的气候类型是（　　　）

A．温带大陆性气候　　　　　　B．热带、亚热带季风气候

C．高寒气候　　　　　　　　　D．温带季风气候

7　阿拉伯地区的气候类型是（　　　）

A．温带大陆性气候　　　　　　B．热带、亚热带季风气候

C．热带沙漠气候　　　　　　　D．温带季风气候

二、简答题

描述一两种服饰的特点以及跟气候的关系。

资料与信息

1　中华农历网：http://www.nongli.com

2　中国服饰网：http://www.fus.com.cn

提示与答案

检测与评估

一、选择题

1．A　2．D　3．B　4．B　5．A　6．C　7．C

二、简答题

例如描述藏族服饰：

藏族人喜欢穿长袍。尤其在牧区，长袍的特点很明显。穿长袍很方便，热的时候，人们就把长袍的一只袖子脱下来披在腰间用以散热。到了晚上又是一床挺不错的被子。只是长袍的袖子总有一只被脱下。

藏族人为什么喜欢穿长袍呢？藏族聚居的地区，大多在高原地区，海拔4 000多米，一般日平均气温要比同纬度平原地区低24℃左右，又由于空气稀薄，无论农区还是牧区，日照都很充足，气温日变化大，昼热夜冷早晚凉。

6 八方食客——气候与饮食
BAFANGSHIKE——QIHOUYUYINSHI

风云雨雪、阴晴冷暖与人们的生活、生产息息相关，但你知道吗？气候环境在很大程度上左右着人们的饮食习惯。俗话说："一方水土养一方人。"风光优美的华南空气湿润，雨量充沛，气温偏高，是水稻栽培和生长的良好环境，而北方天气寒冷，空气干燥，日照充足，适宜小麦的生长发育，所以就形成了南方人爱吃米，北方人喜食面的饮食习惯。我国幅员辽阔，地理环境和气候条件地域差异显著，这就形成了形形色色的地方饮食习惯和饮食风味。

阅读与思考

一、气候与饮食

　　我国南北方的饮食习惯不同。北方人喜欢面食，面食种类也非常多，例如：面条、馒头、烙饼等。其实，这样的饮食习惯与北方的农业生产结构不同有很大的关系。我国北方耕地多为旱地，适合喜干耐寒的小麦生长。

面条

馒头

　　我国南方耕地多以水田为主，所以当地的农民因地制宜种植生长习性喜高温多雨的水稻，所谓"种啥吃啥"，长此以往，便养成了南米的饮食习惯。

香喷喷的米饭

云南的过桥米线

　　在云南，米线是各族人民喜爱的风味小吃，它选用优质大米通过发酵、磨浆、澄滤、蒸粉、挤压等工序而制成线状，再放入凉水中浸渍、漂洗后即可烹制食用。米线细长、洁白、柔韧，加料烹调，凉热皆宜，非常可口。

思考1：我国南方和北方在饮食习惯上还有哪些差异？

二、东辣西酸

山西人能吃醋，可谓"西酸"之首。他们吃饭前，先把醋瓶子拿过来，每人倒三调羹醋用以"解馋"。改革开放前，每逢春节，别处都供应一点好酒，太原的油盐店却会贴出一张条子："供应老陈醋，每户一斤。"有人来给姑娘说亲，当妈的先问："他家有几口酸菜缸？"酸菜缸越多，说明家底越厚。

山西等地的居民何以爱吃酸？原来黄土高原、云贵高原及其周边地区的水土中含有大量的钙。因而，他们的食物中钙的含量也相对较多。这样的食物食用过多，易在体内形成结石。这一带的劳动人民经过长期的实践经验，发现多吃酸性食物有利于减少结石等疾病。久而久之，他们也就渐渐养成了爱吃酸的习惯。

我国流传有"贵州人不怕辣、湖南人辣不怕，四川人怕不辣"之说。贵州人所吃辣椒极多，朝天椒、野山椒均不在话下。四川的"麻辣烫"更是全国闻名，可以说，没有不辣的四川名吃，四川名吃不辣，也就谈不上"名吃"。如今，人们除了管四川女子叫"川妹子"外，还会叫她们"辣妹子"。

辣子火锅

喜辣的食俗多与气候潮湿的地理环境有关。四川虽地处盆地，气候却是潮湿多雾，一年四季少见太阳，因而有"蜀犬吠日"之说。这种气候导致人的身体表面湿度与空气饱和湿度相当，难以排出汗液，令人感到烦闷不安，时间久了，还易使人患风湿寒邪、脾胃虚弱

丰收的辣椒

等病症。吃辣椒时会浑身出汗，不仅可使汗液轻而易举地排出，而且经常吃辣可以驱寒祛湿，养脾健胃，对健康极为有利（对当地人而言）。

思考2：东辣西酸跟气候有什么关系？

三、糌粑和手扒肉

青藏高原按其纬度位置，绝大部分属于亚热带和暖温带，平均海拔4 000米以上。与我国同纬度地区相比，青藏高原海拔高，气候冬冷夏凉，降水量少，风速大，日照时间长，太阳辐射强烈。由于其独特的地理位置和气候特点形成了藏族人民特有的膳食习惯。

糌粑

绝大部分藏族人以糌粑为主食，即把青稞炒熟磨成细粉。特别是牧区，青稞是藏族人民最主要的粮食作物。青稞属于大麦的一种，耐寒、耐旱，生长期短。

内蒙古地域广袤，大部分地区属温带大陆性气候，冬季漫长而寒冷，寒暑变化剧烈。蒙古族是逐水草而迁徙的游牧民族，传统饮食离不开肉和奶。手扒肉是草原牧民最常用和最喜欢的餐食，也是他们招待客人必不可少的食品。到草原观光旅游不吃一顿手扒肉就算没完全领略草原食俗风味和情趣。

而牧民若不用手扒肉招待客人，就不能完全表达自己的心意。因此，用手扒羊肉款待远方的客人，在蒙古族几乎已成为一种定规。

思考3：藏族和蒙古族的饮食与气候有什么关系？

四、北京延庆的特色面食

延庆县位于北京市西北部，距北京市区74千米，是首都北京的北大门。延庆属温带与中温带、半干旱与半湿润带的过渡地带。大陆性季风气候，冬冷夏凉，年平均气温8 ℃，最热月份气温比承德低0.8 ℃，是著名的避暑胜地，有首都北京的"夏都"之称。这里的农家饭更是一绝，我们去品尝一下吧！

干饭汤用小米、豆面做成。做法：将小米煮至八成熟时捞出，将部分饭掺入豆面，用筷子拌匀，使豆面裹住饭粒，下入米汤锅，加盐、葱、香菜等作料。锅中似煮着粒粒白色珍珠，又似蚂蚁蛋，故又称"蚂蚁蛋汤"。吃时用汤泡干饭，故称干饭汤。

干饭汤

摊黄是将小米或玉米磨成细面和好发酵，放入少量食碱搅拌成粥状，摊在箅子上蒸熟，然后切成块状。此物色泽金黄，香甜可口。

摊黄

土豆，延庆人称之为"山药"，既是蔬菜又是主粮，如掺上面粉（过去多为豆面、棒子面，现在多为白面），可以做成山药沓子、山药丸子、山药挠子和山药贴饼等多种食品。其中山药做成的搅傀儡最受人欢迎。

搅傀儡

实践与思考

活动 1 搜集国外资料，了解一些与气候有关的饮食

活动内容

欧洲人酷爱乳品和牛羊肉，餐桌上常见牛排、奶油和奶酪等食品。你能从自然环境的角度分析欧洲人饮食习惯的特点吗？

欧洲地形以平原为主，温带海洋性气候和地中海气候分布面积很广，适合牧草生长，因此欧洲畜牧业发达。这样的气候特点也非常适宜种植小麦等庄稼，因此欧洲人常吃面包是其饮食习惯的又一特点。

泰国的饮食习惯和柬埔寨、老挝、越南、印尼等东南亚国家基本相同，主食是米饭。泰国大米晶莹剔透，蒸熟后有一种特殊的香味，是世界稻米中的珍品。为什么东南亚地区的主食是以大米为主，这跟当地的自然环境是否有关？有什么关系？

思考4：泰国的气候特点是什么？泰国的饮食是否受气候的影响？

活动 2 做拿手饭：搅傀儡

活动准备

原料：白面、玉米面、土豆。

调料：盐、味精、葱、姜、蒜。

活动提示

成品特点：色泽黄白、口味香咸、质感柔软。

活动步骤

❶ 土豆洗净去皮，切成丁，拌入面粉（若太干可加少许水），加盐，上锅蒸15分钟，呈松散状。

❷ 葱姜蒜末炝锅，放入蒸好的主料，炒5~10分钟即可。

检测与评估

一、选择题

❶ 东辣指的是（　　　）

　A．山西　　　　B．四川　　　　C．河南　　　　D．天津

❷ 喜辣的食俗多与什么样的气候环境有关？（　　　）

　A．干燥　　　　B．高温　　　　C．潮湿　　　　D．晴朗

❸ 南方人喜食（　　　）

　A．面条　　　　B．米饭　　　　C．粽子　　　　D．馄饨

❹ 北方人喜食（　　　）

　A．面食　　　　B．米饭　　　　C．过桥米线　　D．糌粑

❺ 延庆的山药指的是（　　　）

　A．山药　　　　B．萝卜　　　　C．马铃薯　　　D．土豆

❻ 西酸指的是（　　　）

　A．山西　　　　B．四川　　　　C．河南　　　　D．天津

二、简答题

① 哪些饮食现象跟气候有关系？

② 说一说你生活的地区有哪些跟气候有关。

资料与信息

① 四川旅游信息：http://www.scta.gov.cn

② 延庆旅游网：http://www.yqtour.gov.cn

提示与答案

检测与评估

一、选择题

　　1．B　2．C　3．B　4．A　5．D　6．A

二、简答题

　　1．南米北面；东辣西酸；南甜北咸。

　　例如：南方降水多，适合水稻的种植，所以南方人主要以米食为主；

　　　　　北方降水少，以旱田为主，适合小麦的种植，所以北方人以面食为主。

　　2．略。

7 凝固的音乐——气候与民居

房屋是凝固的音乐，它能给人以美的享受。房屋风格的千差万别是地理环境复杂多样的结果，气候条件是影响房屋风格的主要因素之一。在我们日常生活中，居住是最基本的条件，人们要有舒适的工作、学习的场所和良好的生活环境。房屋建造必须考虑当地气候的影响。我国建造的房屋多为坐北朝南，这是由于北方的气候特点决定的。冬季，东南朝向的房屋可以避免北风侵袭；夏季，受东南季风影响，屋内又会凉风习习。我国幅员辽阔，其他地区的房屋又是什么样的呢？

阅读与思考

一、湿热气候与房屋

当你来到西双版纳时，就会发现，傣族人的住房是用木料和竹子搭起来的。竹楼近似方形，以数十根大竹子支撑，悬空铺楼板；竹楼楼顶两面的坡度很大，呈"A"字形，坡度陡，达45°~50°，下部架空以利通风隔潮；房顶用茅草排覆盖，竹墙缝隙很大，既通风防

竹楼

潮又透光；竹楼分两层，楼上住人，楼下饲养牲畜，堆放杂物，舂米织布。每幢房子四周还有约1米高的围墙，人们又把这种房子称为"吊脚楼"。

傣族人造这样的住房，与西双版纳的湿热气候密不可分。这里夏季长达200多天，白天的气温常在35 ℃以上，高时可达40 ℃以上；年平均相对湿度为82%~86%。人们生活在这样又湿又热的气候环境里，自然要想办法使室内温度降低些。

倾斜的楼顶可防止雨水的渗漏。吊脚楼下空旷，通风性能好，不但白天气温不会升得很高，而且夜间降温也快。竹楼高而相对干燥，也可以大大减少风湿病的发生。

在高温多雨的热带城市里，也有许多与这种气候相适应的房屋，最典型的要算是街道两旁的行人廊（俗称"骑楼"）了。在我国东南沿海的厦门、汕头、广州、南宁和台湾省的许多城市都可以见到，建筑物一楼临近街道的部分建成行人走廊，走廊上方则为二楼的楼

骑楼

层，犹如二楼"骑"在一楼上，这样不仅可以避免热带骄阳的直接照射，而且还能解决行人、顾客的避雨问题。

二、寒冷气候与房屋

温带湿润、半湿润大陆性季风气候的东北地区，是我国纬度位置最高的区域，它的冬季特别寒冷。由于东北地区是我国的"寒极"，不论农村还是城市，居民住房矮小、紧凑、密闭的特点很明显。这种建筑风格一方面是为了保温，另一方面也是为了适应低湿的气候条件。

在我国东北，农村房屋普遍采用做饭余热烧炕的办法来取暖。房屋一般两间为一套，内间是卧室，以炕代床。炕是用砖和泥砌成的，上铺炕席，横贯内屋南侧，炕中部有火道，一头通外间的灶，一头通烟囱。每天三餐饭，再加上烧水等活动，就把炕烧暖了。白天，南窗又充分接受了太

东北民居

阳热量，所以即使天天都是零下二三十摄氏度的严寒，也不再需要专门的取暖设备了。除了火炕以外，我国北方各地农村冬季还有地炉、火墙等其他多种取暖方式。北方城市居民则一般采用暖气或火炉取暖。

三、干旱气候与房屋

我们都看过电视剧《西游记》，唐僧师徒取经受阻于火焰山，孙悟空三借芭蕉扇的故事就发生在这里。故事中的"火焰山"是孙悟空大闹天宫时，蹬倒了太上老君的炼丹八卦炉，有几块耐火砖带着余火落到了地上，化生出来的。现实中确实有"火焰山"，它就位于新疆的吐鲁番盆地。这里是我国最炎热的区域，夏季气温高达47 ℃，据说山顶气温可达80 ℃。现在我们就到新疆看一看吧！

新疆维吾尔自治区位于我国的西北内陆地区，距海遥远，中间又有山岭阻隔，海洋水汽难以到达，所以降水十分稀少。夏季光照充足，太阳辐射强，气候炎热，但温差大，有"早穿皮袄午穿纱，围着火炉吃西瓜"之说。

维族民居

降雨少的地区屋面一般较平，房屋材料也不是很讲究，屋面极少用瓦，有些地方甚至无顶。

西北地区的传统民居大多屋顶平、墙体厚，这样冬季保温的效果好；而窗户小，夏季屋外的热浪又很难进入屋内，可以起到防暑作用。屋面平缓，一般只是在椽子上铺上织就的芦席、稻草或包谷秆，上抹泥浆一层，再铺干土一层，最后用麦秸拌泥抹平就行了。例如，宁夏虽然也用瓦，却只有仰瓦而无复瓦。因此，这类房屋的防雨功能较差。

思考2：为什么我国西北地区的传统民居屋顶平、墙体厚、窗户小？

实践与思考

活动 1 根据所给的资料、图片，分析民居的特点

活动内容

材料一

自南北朝时期流传至今，被后人誉为"汉人遗响"的古代歌谣《敕勒川》。

敕勒川，

阴山下，

天似穹庐，

笼盖田野。

天苍苍，

野茫茫，

风吹草低见牛羊。

蒙古包

这首《敕勒川》把我国北方广袤无垠、牧草肥美、牛羊遍地的草原景色生动形象地展现在人们的眼前，激起人们对蓝天白云，牧歌悠扬的内蒙古草原的无限向往。

内蒙古自治区位于我国北部边疆，全区由于地理位置和地形的影响，形成以温带大陆性季风气候为主的复杂多样的气候。春季气温骤升，多大风天气；夏季短促温热；降水集中；秋季气温骤降，秋霜冻往往过早来临；冬季漫长严寒，多寒潮天气。

材料二

窑洞是我国西北黄土高原上居民的古老居住形式。当地人住窑洞的历史已经有几千年了，窑洞里的生活也别有情趣。远在4 000多年前，生活在陕西省北部黄土高原上的人们就有挖穴而居的习俗。黄土高原属温带半干旱地区，年平均气温较低，雨量不太多，土壤比较干燥。黄土缺乏层理，有明显的垂直节理，透水保温性好。"进村不见村，树冠露三分""平地起炊烟，忽闻鸡犬声"描述的就是这种房屋。

下沉式窑洞

材料三

吊脚楼是我国南方和西南地区的一种传统民居，为壮族、布依族、侗族、水族、土家族等族人居住，多依山就势而建。这里气候炎热、潮湿，夏季雨水集中，且蚊虫较多，日照较强，地形复杂。

吊脚楼

思考3：以上所给的民居图片与当地的气候有什么关系？

活动 2 小小建筑师

活动任务

根据所给的不同地区的气候条件，设计适应这种气候的房屋。

❶ 我国塔里木盆地地区，气候干旱，极少降雨。

❷ 我国云南省西双版纳地区，气候炎热，雨量丰沛，尤其在雨季更加潮湿，地势较低的地方很容易积水。

❸ 我国东部季风区，夏季多偏南风，高温多雨；冬季多偏北风，寒冷干燥。

活动内容

材料一

气温低的地方，窗户一般较大，以充分接收太阳辐射，但窗户往往是双

活动内容

层的，以避免寒气侵袭，如我国东北地区。宁夏地处西北，远离海洋，降水少、温差大，气候寒冷，大陆性气候特征明显，冬春干旱多风沙，盛行偏北风，故住宅一般不开北窗。为保温防寒，采取厢房围院形式，且房屋紧凑，屋顶形式为一面坡和两面坡并存。"房屋一面盖"也是为了充分利用太阳辐射。

　　光照也是影响房屋朝向的因素之一。北半球中高纬地区房屋多坐北朝南，南半球中高纬地区则多坐南朝北，赤道地区房屋朝向比较杂乱，这与太阳直射点的南北移动有关。

　　南方与北方的光照强度不同，因此房子的间隔距离、采光条件也要因地而异。广东省有些地方房屋与房屋之间距离小，有些房屋的屋檐与屋檐几乎相碰，间距仅1~2米。为什么要这样建造呢？首先，在屋顶的覆盖下，夏季太阳光晒不着；其次，屋与屋之间的空隙小，就像一口"天井"，可以起到烟囱的作用。再加上房屋的门窗多，几乎敞开，居民有一种阴凉的感觉。在北方则相反，无论冬夏，为了采光，院子一定要大，房子与房子之间间隔也要大，间隔大才能采到光。尤其是冬季，太阳高度低，阳光斜射，若间隔小，太阳光便被遮住了。所以老北京城里的四合院设计就很宽大，屋内能采到充足的阳光，这是极其科学的。

材料二

　　风也是影响房屋风格的重要因素之一。我国台湾兰屿岛，距台风策源地近，台风强度大，破坏性极强，因此岛上居民雅美族人（高山族的一支）创造性地建造了一种"地窖式"民居。这种房屋一般位于地面以下1.5~2米处，屋顶用茅草覆盖，条件好的用铁皮，仅高出地面0.5米左右，迎风坡缓，背风坡陡，室内配有火塘以弥补阴暗潮湿的缺点。还可

活动内容

在地面上建凉亭备纳凉之用。我国冬季屡受寒潮侵袭（多西北风），因此，房屋朝北的一面墙往往不开窗户，院落布局非常紧凑，门也开在东南角，如北京的四合院。

风还会影响房屋的朝向和街道的走向。我国云南大理有句歌谣："大理有三宝，风吹不进屋是第一宝。"大理位于苍山洱海之间，夏季吹西南风，冬春季节吹西北风，风速大，平均为4.2米/秒，最大可达10级。因此，这里的房屋座西朝东，成为我国民居房屋中的一道独特风景。

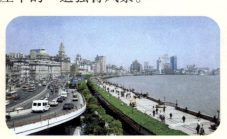

在沿海设计房子，首先要考虑风的因素。以靠近沿海的上海为例，一般房屋是殿顶，四方有坡面的屋顶，迎风面比较小，这种屋顶不仅抗风性能好，还能减少风压。

思考4：影响民居的气候因素除了气温和降水外，还有哪些？

 检测与评估

一、选择题

1. "早穿皮袄午穿纱，围着火炉吃西瓜"描述的是我国的（　　　）
   A．新疆　　　　B．西藏　　　　C．山西　　　　D．北京
2. 我国的"寒极"指的是（　　　）
   A．西北地区　　B．东北地区　　C．西南地区　　D．东南地区
3. 蒙古包是我国哪个地区的民居？（　　　）
   A．西藏自治区　　　　　　　B．广西壮族自治区

C．内蒙古自治区　　　　　　　D．宁夏回族自治区

4 "火焰山"位于我国的（　　　　）

　　A．四川盆地　　　　　　　　B．柴达木盆地

　　C．准噶尔盆地　　　　　　　D．吐鲁番盆地

5 "平地起炊烟，忽闻鸡犬声"描述的房屋是（　　　　）

　　A．四合院　　B．吊脚楼　　　C．窑洞　　　　D．蒙古包

6 歌谣《敕勒川》描述的是（　　　　）

　　A．内蒙古草原　　　　　　　B．新疆草原

　　C．青藏高原　　　　　　　　D．坝上草原

二、简答题

1 简单描述气温、降水要素是如何影响民居的。

2 影响民居的气象要素除气温和降水外，还有哪些？

资料与信息

● 唐陆冰．趣谈我国的民居与气候[J]．地理教育，2005，3．

提示与答案

检测与评估

一、选择题

　　1．A　2．B　3．C　4．D　5．C　6．A

二、简答题

　　略。

50年一遇的冰冻灾害持续了10多天之久，不但没有减弱，反而加剧。2008年1月，恶劣的天气使湖南春运陷入"半瘫痪"状态。26日，长沙黄花机场全天关闭，原本25日离港的5 000多名旅客被迫滞留长沙。原预定于26日上午8时开航的机场因天气进一步恶化而被迫延长关闭时间到27日7时。机场跑道结冰最厚的地方达到7～8厘米。南北交通大动脉京珠高速交通流量特别大。由于连日的冰雪天气导致车祸频发，加上广东省粤北高速公路关闭，使湖南省京珠高速公路（湘）潭耒（阳）段交通严重受阻。到26日12时，滞留的车辆超过2万辆，滞留的人员超过6万人。

阅读与思考

一、气候与古代交通

交通就是交往通达，是人们进行物质交往和精神交往的社会活动方式。

交通是随着人类生产和生活的需要发展起来的。在古代，人们为了生存，尽量沿河而居，因此水上交通是最早产生的交通方式。

陆上交通最早以驯马牛为

蒙古族用马作为交通工具

交通工具，此后出现的马牛拉车促进了道路的人工修筑。18世纪下半叶，蒸汽机的发明带动了机械化产业革命，促进了机动车、船的出现，从而开始了近代交通。海、陆、空交通由于都是在自然空间进行的，所以都会受到天气与气候的影响和制约。

古代的交通工具车、马、轿、船行进的速度比较缓慢，所受的天气影响并不大，同时也很少发生因气象条件所致的"交通事故"。但在交通方式上却避免不了天气和气候的影响。北方因为雨季短、降水量少，比较干燥，人们常常采用车、马作为交通工具；而在南方，由于雨季较长，降水量大，致使江、河、湖、港交叉稠密，所以人们常常采用船舶作为交通工具。但是，不管哪种交通方式都在一定程度上要受到天气和气候的影响与制约。例如：狂风暴雨会使车马止行、舟船不发，大雪会妨碍各类交通等。

二、气象与现代交通

现代化的交通运输方式主要有铁路、公路、水路、航空四种。

（一）铁路运输

铁路是一种专业、快速行驶的交通线路，它从工程设计、施工、运营都会受到气象条件的影响。据20世纪80年代的资料统计，我国主要铁路干线因水害中而断运输的，每年达100次以上。

快速行驶的列车

1975年8月，河南省发生特大暴雨，3次雨量超过1 000毫米，造成两个大水库垮坝，南北交通的大动脉京广线被阻达102千米，水害遗留下来的整治工程，直到1984年底才全部完成。

在我国西南山区，由于山高坡陡，暴雨还常引发泥石流。例如，1981年成昆铁路沿线利子依达沟的中、上游暴雨造成突发性泥石流，把下游跨成昆线的利子依达大桥冲垮。一列游客列车的两节机车及一节行李邮政车，被冲入桥下并被泥石流冲走，另有两节客车翻在桥台下的边坡上，旅客伤亡270人。在高山上或冬季寒冷多雪地区，积雪封锁交通的事情也常发生。雪深超过40厘米，行车速度就会被迫降低，70厘米以上就无法行驶了。如果长江中下游地区下大雪，沪宁铁路就会被雪覆盖，南京及附近地区铁路运输将被迫中断。大风可使火车出轨以致颠覆。我国大风吹翻列车的事故在新疆多处铁路时有发生。每逢大风季节，列车常常不能正常行驶。

此外，雷暴也是铁路安全运行的一大威胁。由于雷易打高架的电线，尤其是电气化铁路的高压动力输电线路，可造成列车失控。因此，在铁路选线时，雷暴是一个必须考虑的重要因素。

（二）公路运输

公路运输是当今世界上最普遍的交通运输方式。因此汽车成为现代交通中最重要的运输工具之一。影响汽车行驶的不利气象条件主要有低温、积雪、积冰等。在我国东北、新疆北部和青藏高原的冬季寒冷地区，低温会使汽车挡风玻璃上结霜，且不易擦掉，从而影响驾驶员的视线，而且，低温也会使汽车燃油发黏，不易雾化，在汽缸内难以点燃；当气温过低时，润滑剂也不易渗透到各个部位，使得汽车机械性能变差，车闸失灵，交通事故大大增多。

大雾导致交通拥堵

在冬季，一般积雪厚度达到20～30厘米，行车就很困难。此外，冬季雪面路滑，特别是在白天稍稍融化后又结冰的路面上行车，极易造成交通事故。例如，1986年1月，北京市下了一场雪，雪后一昼夜内发生的交通事故中伤47人，死亡5人。再如，1983年1月，乌鲁木齐发生交通事故123起，其中路面冰雪造成汽车侧滑，受伤人数占总伤亡人数的64%之多。

在山区中，当雪层积到一定厚度时，坡上便会发生规模不等的雪崩。世界上欧洲的阿尔卑斯山、美国的西部山区以及日本等都是雪崩多发地区。在我国新疆天山西段纵贯南北的07042公路线上，冬季降雪十分丰富，雪崩和吹雪使拉尔墩大坂段公路（海拔约3 000米），从当年10月到来年4月底不能通车。

能见度差是汽车事故中最常见的天气原因。大雨和有雾时汽车速度降低以致停驶。国外一些国家的高速公路上，大雾中数十辆甚至二三百辆汽车造成的交通事故时有发生。例如，英国伯明翰地区1977年3月11日清晨，因大雾，90多辆小汽车在一条公路干线上发生首尾相撞事故，共造成30多人受伤，3人死亡。

此外，在大雨中由于看不清、路又滑，刹车不及时等原因，也很容易引发交通事故。

（三）航空运输

航空运输是使用飞机、直升机及其他航空器运送人员、货物、邮件的一种运输方式。具有快速、机动的特点，是现代旅客运输，尤其是远程旅客运输的重要方式；是国际贸易中的贵重物品、鲜活货物和精密仪器运输所不可替代的运输方式。

目前，航空运输已经成为满足人们快节奏生活的必不可少的运输方式。航空运输会受哪些气候条件的影响呢？

大雾和暴雨天气是影响航空运输的主要因素。例如，2007年11月12日中午，浓雾开始包围西安咸阳国际机场，到晚上8时，机场已经无法接受进港航班。据统计，12日当晚取消航班近20个；13日清晨，浓雾加重，机场的能见度降至不足500米，所有进出港航班全部延误。截至13日下午4时左右，航班进出港才基本恢复正常。

（四）水路运输

水路运输是利用船舶、排筏和其他浮运工具，在江、河、湖泊、人工水道以及海洋上运送旅客和货物的一种运输方式。水路运输按其航行的区域，大体上可划分为沿海、远洋、内河运输三种形式。

与其他运输方式相比，水路运输速度较慢，受自然气候和航道条件的影响较大。

水运与天气有什么关系呢？

2006年4月20日，一股来自西伯利亚的冷空气，在给北京带来沙尘天气之后，又长途奔袭来到上海，这股冷空气自北向南从崇明岛开始逐步影响上海。上海中心气象台发布了大风蓝色预警信号，各海上客运单位也纷纷拉响了"警报"。一旦风力达到9级以上，海事部门将通过短信平台向所有在海域进行作业的工程船发送停业通知。

行进中的轮船

实践与思考

活动 **1** 查找资料，寻找答案

活动内容

　　同学们，在利用运输方式的过程中，我们会受到气象条件的影响，例如，狂风暴雨、大雪、大雾等天气会不同程度地对交通造成影响。我们的行进速度会减慢，飞机会因大雾延期飞行，高速公路会因大雪暂时封路……因此，我们在建设铁路、公路、桥梁、飞机场的选址时，都会考虑到气候因素。

　　例如，要建造一个大型的飞机场，除了要找一块平坦宽广的平地以外，还应调查一下当地的气象资料，比如这个地方是否雾比较多，如果多就不合适，因为大雾会影响飞机的起飞和降落。除此之外，还要考虑这里的风力是不是很大，暴雨出现的次数是不是很频繁，大风、暴雨都会影响飞机的飞行，使航班延误。

活动步骤

　　上网或查找资料，回答下列问题：
　❶ 搜集资料说明，在河流上建一座大桥需要搜集哪些方面的气象资料，为什么？

活动步骤

❷ 修建一条铁路线，需要搜集当地哪些方面的资料？有哪些是气象方面的？为什么需要考虑这些因素？

❸ 修建一条公路线，需要搜集当地哪些方面的资料？有哪些是气象方面的？为什么需要考虑这些因素？

活动 ❷ 查找资料，分析说明

活动内容

青藏铁路和西气东输、西电东送、南水北调，是我国的四大跨世纪工程。其中，青藏铁路的二期工程东起青海格尔木，西至西藏拉萨，全长1 142千米，其中海拔4 000米以上的路段有960千米，多年冻土地段550千米。青藏铁路是全球海拔最高和最长的高原铁路，修建这样一条铁路，需要克服许多困难。

青藏线大部分线路处于"生命禁区"和"无人区"，要克服多年冻土、高原缺氧、生态脆弱三大难题。

活动步骤

❶ 分析青藏铁路的修建遇到了哪些难题。

❷ 哪些难题与气象条件有关?

❸ 查找当地的气象资料,说明气象条件和铁路修建的关系。

❹ 我国的工程师是如何解决这些问题的?

活动 ③ 查找并分析资料

活动内容

　　我们在阅读与思考中了解到新疆大风刮翻了火车。请你查找新疆地区的有关气象资料,说明以下问题:

❶ 新疆的气候有哪些特点? 新疆的风力大小如何?

❷ 大风是如何刮翻火车的,说说它的原理。

❸ 设计一个小实验,说明大风刮翻火车的原理。

❹ 大风可以造成灾害,却也可以成为资源,请你说说风可以做什么。

活动 **4** 角色扮演

活动步骤

❶ 选择一个角色，如工程师、旅游者、汽车司机或其他。

❷ 设想一下你选择的角色要做什么。

❸ 选择一种交通方式来实现。

❹ 根据所学知识，你会遇到哪些气象问题？你准备如何解决？

❺ 和同学们说说你的计划，讨论一下你的设想是否合理。

❻ 根据大家的建议进行修改，并表演给大家看。

检测与评估

一、选择题

❶ 在古代，受气候条件的影响，南北方交通工具的特点是（ 　　 ）

　　A．都坐船　　　　　　　　B．都骑马

　　C．南船北马　　　　　　　D．南马北船

❷ 现代化的交通运输方式有（ 　　 ）（多选）

　　A．铁路运输　　　　　　　B．公路运输

　　C．航空运输　　　　　　　D．水路运输

　　E．管道运输

❸ 机动灵活，能够实现从"门口到门口"的运输方式是（ 　　 ）

　　A．铁路运输　　　　　　　B．公路运输

　　C．航空运输　　　　　　　D．水路运输

❹ 影响公路运输的天气现象有（ 　　 ）（多选）

　　A．大雪　　　　　　　　　B．大雾

　　C．刮风　　　　　　　　　D．阴天下雨

5 影响航空运输的天气现象有（　　　　）（多选）

　　A．狂风暴雨　　　　　　　B．大雾

　　C．打雷闪电　　　　　　　D．七八级大风

二、简答题

1 哪些天气现象会影响交通运输？为什么？请举例说明。

2 说一说你在出行的时候，遇到过哪些因天气而影响行程的情况。

资料与信息

1 中国气象局：http://www.cma.gov.cn

2 中国高速公路网：http://www.7918.com

提示与答案

检测与评估

一、选择题

　　1．C　2．ABCDE　3．B　4．AB　5．ABCD

二、简答题

　　1．暴雨、大风、打雷闪电、大雾等天气现象都会影响交通运输。例如狂风暴雨等恶劣天气会延误航班，使旅客滞留机场，耽误行程；大雾大雪天气会引发交通事故，如遇这种天气，高速公路还会暂时关闭。

　　2．略。

"**气**象万千"一词，相信同学们并不陌生，其直意表明"气象"是动态的，它无时无刻都在发生着变化。而了解气象信息、掌握气象动态不仅关系着各个行业部门的生产发展，同时也指导着人们的衣、食、住、行。正因如此，《天气预报》成为千家万户瞩目的焦点。

一、北京地区常见的气象灾害

北京市依山近海，地形多样，是冷空气南下和暖空气北移必经之路，冷暖空气活动频繁，因此常受旱涝、暴雨、冰雹、大风、沙尘暴、寒潮、雾害、雷电等多种气象灾害的侵袭。

（一）旱涝灾害

北京地区的降水主要集中在夏季，故以6~8月的降水量划分旱涝等级。据相关资料显示，在1470~1995年的526年中，发生的旱涝灾害情况如下图表所示。

旱涝等级表

等级	年降水量/mm
涝	668.5mm 以上
偏涝	516.4~668.5mm
正常	396.8~516.4mm
偏旱	244.7~396.8mm
旱	244.7mm 以下

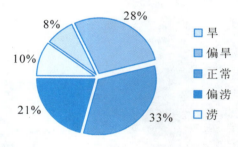

526年（1470~1995年）旱涝等级分布图

在干旱的年份，河道断流，饮水井干涸，人畜饮水发生困难，工农业生产受到严重影响。

（二）暴雨、冰雹灾害

北京地区的暴雨和冰雹灾害主要集中在6~8月。大暴雨和特大暴雨主要集中在7月上旬至8月中旬，暴雨强度大，一日内最大降水量可达400毫米以上。因此，在一些山区地带，很容易发生泥石流灾害，造成冲毁房屋建筑，淹没农田等严重后果，甚至给人们的生命财产带来威胁。

北京地区冰雹灾害尽管几乎年年发生，但年际变化大，如1958年仅为4天，而1971年降雹日数达46天，但都给城乡人民的生命财产造成了严重的损失。

（三）寒潮、大风灾害

寒潮的出现会带来大风降温天气。北京地区寒潮24小时最大降温值可达13.7 ℃，最大风速可达18.0米/秒，极大风速可达27.6米/秒。延庆县位于北京市的西北部，属于远郊山区县，年大风日数为30~35天，而其他平原地区为25天左右。

除寒潮、大风之外，还有夏季的短时雷雨大风，其破坏力也很强。

思考1：（1）你能试着说明北京地区遭受多和气象灾害侵袭的原因吗？
（2）各种气象灾害造成的共同后果是什么？
（3）除了以上阅读材料中介绍的几和气象灾害外，你还知道哪些气象灾害？能说说它们给我们的生活带来哪些不便或危害吗？

二、获取气象信息的途径

既然气象信息与人们的生活密切相关，那我们就要搭建获取气象信息的平台，如电视、广播、报纸、手机短信、上网等。

（一）电视天气预报

电视天气预报是为公众提供气象服务的重要渠道之一。电视天气预报节目与现代科技同步发展，中央电视台的《天气预报》是由中央气象台和国家卫星气象中心联合发布的。它不仅播报全国各省、市中心的天气预报，还播报全国各地主要旅游城市的天气预报等。

（二）"121"气象电话自动答询系统

"121"气象电话自动答询系统是市民获取气象信息的一种方便途径。用电话拨号"121"，再按提示进行选择，就可听到你所关心的气象信息了。同学们，询问天气不妨拨打这个号码试试看！

（三）天气预报短信

在现代信息技术高速发展的今天，为了让人们更方便、更快捷地获取天气预报信息，气象局联合移动、联通等企业向手机用户提供天气预报短信服务。只要拥有手机的用户交纳规定的月租费，就会获取每日的天气情况和一些温馨的气象生活小提示。

三、气象信息中的各种指数

随着人民生活水平的提高，以及人们对高品质生活的追求，以往只是发布阴晴雨雪和气温高低的那种笼统的气象预报，已经不能满足人们的需要了。于是，我们在当今的气象预报中，开始获取更加细化、更加贴近生活的气象信息——"生活指数"预报。诸如穿衣指数、舒适度指数、医疗指数、晨练指数、登山指数、垂钓指数、洗车指数等。

（一）紫外线指数

阳光中有大量的紫外线，它是电磁波谱中波长从0.01~0.40微米辐射的总称。紫外线对人类的生活和生物的生长有着很大的影响。

近年来由于臭氧层遭到日趋严重的破坏，地面接受的紫外线辐射量增多，因此如何防范紫外线辐射已引起人们的广泛关注。为了帮助人们适当预防紫外线辐射，北京市气象局发布了本市的紫外线指数。（如下表）

紫外线指数	紫外线照射强度	对人体的可能影响
0，1，2	最弱	安全
3，4	弱	正常
5，6	中等	注意
7，8，9	强	较强
≥10	极强	有害

（二）晨练指数

晨练是全民健身运动中最普遍的形式。气象条件的好坏直接关系到晨练人们的身体健康。为此我们初步建立了人们在晨练时，外界环境中气象要素的标准。若是阴天时，人们应避免在树林中晨练，以免二氧化碳中毒；在夏半年，有降雨时，路滑，易摔倒；在冬半年，空气干燥，风多，雨少；降雪后，由于人的皮肤大多比较干涩，韧性降低，稍不注意极易擦破，所以凡是第二天早晨有降水，则不宜晨练。

1级	非常适宜晨练，各种气象条件都很好
2级	适宜晨练，一种气象条件不太好
3级	较适宜晨练，两种气象条件不太好
4级	不太适宜晨练，三种气象条件不太好
5级	不适宜晨练，所有气象条件都不好

雾天不宜进行室外锻炼，尤其是浓雾天。浓雾是由高密度的细小水滴悬浮在空气中形成的，细小水滴中由于溶解了大气中的一些酸、碱、盐、胺、苯、酚以及病源微生物等有害物质。因此，在晨练过程中，极易造成机体需氧量的增大以及有害物质对呼吸系统的伤害，还会因供氧不足产生呼吸困难、胸闷、心悸等不良症状。

目前，空气污染已成为人们普遍关注的焦点。造成空气污染的原因有很多，包括汽车尾气、粉尘、工业区排放的有害物质、冬季小煤炉释放的二氧化硫等。人们在这样的环境中跑步、散步、做操、练气功等，久之必病。

（三）霉变指数

炎炎夏日，气温高，降水多，空气湿度大，极易发生霉变。粮食发生霉变，会造成浪费；药品发生霉变，会危害人体健康；皮革制品霉变就会发出霉腐味，丧失性能；商品霉变受腐，会降低甚至丧失其使用价值，造成严重的经济损失。防止霉变发生，不仅为大型仓储部门所关注，而且对居家过日子的老百姓也很需要。

对此根据易霉变的气象环境条件，制作了霉变指数。怎样使用霉变指数呢？当霉变指数为0时，一般不易发生霉变；当霉变指数为1~7时，易发生轻度霉变，这时商品要通风降温，降低霉腐速度；当霉变指数为8~13时，易发生中度霉变，商品要放置低温环境中存储；当霉变指数为14~20时，会发生重度霉变，这时商品宜放在密封环境中，防止潮气侵入而加速霉变。

实践与思考

活动 **1** 调查获取气象信息的途径

活动内容

在调查过程中，针对不同职业的不同人群，展开调查。小组成员分工合作，可以对自己的亲戚、朋友、街坊、邻居等开展调查。如条件便利也可以走进不同的单位、团体集中展开调查。

活动步骤

① 对各行各业的人群进行调查，不得低于10人。

② 结合实际调查，完成下列调查表。

职业途径	汽车司机	公司职员	教师	学生	工人	农民	票数统计	百分比
电视								
广播								
报纸								
互联网								
电话								
手机								
票数								
百分比								

活动 2 各类气象指数对生活的影响

活动内容

穿衣戴帽各有所好，但怎样使你的穿着感觉更舒适呢？众所周知，人是恒温动物，而大自然的温度却不是固定不变的。为了适应冬冷夏热这种一年四季周期性的变化，人们除了自身调节外，穿衣则是人体适应不良气象条件的最直接"防线"。

气象专家根据自然环境对人体影响最主要的气温、湿度及风等气象条件进行分析研究，总结出穿衣气象指数。它可以提醒人们根据天气变化适时着装，以减少感冒的发生。

穿衣气象指数共分8级，指数越小，穿衣的厚度越薄。

1~2级为夏季着装，指短款衣类，衣服厚度在4毫米以下；

3~5级为春秋过渡季节着装，从单衣、夹衣、风衣到毛衣类，服装厚度在4~15毫米；

6~8级为冬季服装，主要指棉服、羽绒服类，其服装厚度在15毫米以上。

活动步骤

以北京为例：

日期	天气情况	气温/℃	空气相对湿度/%	风力	穿衣指数等级
2008-3-31	多云	5~16	40	东北风2~3级 转南风2级	5级 温凉

❶ 根据某一天的天气情况，推断穿衣指数等级。

❷ 然后根据穿衣指数等级，确定穿什么衣服。

❸ 试分析其他指数，并在此基础上设计新的指数。

检测与评估

一、选择题

1 获取气象信息的途径有（　　　　）（多选）
　　A．广播　　　　　　B．电视　　　　　　C．报纸
　　D．互联网　　　　　E．手机短信　　　　F．以上都不是

2 北京市常见的气象灾害有（　　　）（多选）
　　A．暴雨　　　　　　B．旱灾　　　　　　C．沙尘暴
　　D．台风　　　　　　E．寒潮　　　　　　F．以上都是

3 气象指数包括（　　　）（多选）
　　A．穿衣指数　　　　B．晨练指数　　　　C．登山指数
　　D．垂钓指数　　　　E．洗车指数　　　　F．舒适度指数

二、判断题

1 北京地区位于我国北方地区，因此很少发生涝灾。　　　（　　　）
2 上网查阅气象信息，都是要交纳一定的月租费的。　　　（　　　）
3 穿衣气象指数共分8级，指数越大，穿衣的厚度越薄。　（　　　）
4 除了寒潮大风之外，北京市还有夏季的短时雷雨大风，其破坏力也很强。　　　　　　　　　　　　　　　　　　　　　　　（　　　）
5 电视天气预报以其图文并茂、生动活泼、形象直观等优点，赢得广大观众的欢迎和好评。　　　　　　　　　　　　　　　　（　　　）

三、简答题

　　学习了气象与生活，你有哪些收获？请谈一谈，与大家共享。

● 中国气象科普网：http// www.qxkp.net

提示与答案

检测与评估

一、选择题

1. ABCDE　2. ABCE　3. ABCDEF

二、判断题

1. 错　2. 错　3. 错　4. 对　5. 对

三、简答题

略。

10 气象与体育
QIXIANGYUTIYU ○○

　　人类存于天地之间，自然受大气状况和气候条件的影响，体育活动当然也不例外。天气状况和气温、湿度、气压等气象要素会影响人的生理变化和情绪，从而对不同人的临场发挥产生影响。就连观众的情绪和舒适度，甚至门票销售状况等也受天气和气候要素的影响。

　　良好的气象条件和较完善的气象服务，历来是大型体育盛会开幕和闭幕时成功的关键性因素之一。遇有暴雨、雷电、冰雹等恶劣天气，会给运动员与观众的安全带来极大的危害，也会给赛事日程和文体活动的效果带来不利的影响。

阅读与思考

　　气象因素对体育赛事的影响，大致可分为三类。第一类是限制比赛项目。人们对这一类一般有所了解，比如，狂风暴雨限制了各项室外赛事进行；35 ℃以上的高温酷暑会造成运动员中暑休克；严寒天气会使多项赛事（除冰雪运动外）难以进行等。第二类是影响比赛成绩。运动员虽可在同一赛场决出名次，但成绩并不准确。据体育科研人员分析：在短跑、跨栏等田径项目中，顺风和逆风的不同气象条件，运动员的成绩差别是明显的。第三类是影响体能的发挥，使运动员发挥不出或者"超水平"发挥其体能。例如，温度适宜则能使运动员的体能高效发挥；温度过高或湿度过大不仅影响人体排汗和体热散发，还使运动员呼吸的氧气量明显减少，影响二氧化碳的代谢，从而影响体能发挥等。

　　气象与体育赛事的具体关系，可按气象要素对体育项目的影响进行探索，也可根据体育项目研究气象条件。就气象要素来说，影响成绩的以风、能见度等较为多见；影响体能发挥的有气温、湿度、气压、大气成分、其他环境因素等较为明显。不同的体育项目对气象条件的要求是不同的。

一、水上运动与气象

　　与气象关系比较大的水上运动项目主要有皮划艇、赛艇、舢板、帆船、冲浪等。如风对水上运动项目影响很大，风速或风向的突变，都会给比赛增加很大的困难。所以运动员都要进行赛前热身，适应场地和环境（包括天气、气候等因素）。这样比赛中如遇天气突变，运动员能及时调整，尽快变被动为主动，发挥最佳水平。

（一）大风让比赛推迟

　　在悉尼奥运会上，原定于10月1日清晨举行

的皮划艇比赛由于大风天气推迟到当地时间下午3:00进行。虽然奥组委的官员认为他们的准备工作已经做得相当完美，但是他们对于天气的变化却无能为力。当初悉尼获得2000年奥运会举办权的时候，恐怕很少会有人想到在通常很安详的春季也会出现强劲的西风，使得组织者不得不将皮划艇的比赛推迟。

（二）巧用天时夺桂冠

1986年汉城（今首尔）亚运会上，我国帆板运动员勇夺两枚金牌，这与充分利用气象条件是分不开的。在进行帆板预赛时，气象台预报赛场海面会有4级风。我国教练员相信了这一预报，派了一位中量级的运动员参赛，结果实际风速不大，而我国运动员的体重较重，影响了帆板的速度，吃了亏。在最后的决赛中，气象台仍然预报赛场有4级风，而我国教练员从其他途径获得了赛场有5级以上风的预报信息，于是果断决定派出一位重量级队员上场，而其他国家则派出轻量级运动员。比赛开始不久，海面上刮起了5~6级风，这对体重较轻的外国选手甚为不利，体轻压不住"舷"，风大帆板极易左右摇摆，甚至翻沉；相反，体重较重的中国运动员压得住"舷"，使帆板能乘风破浪地行进。当然，这也与我国运动员在亚运会之前曾专程去海南岛进行了适应训练，积累了在风浪中驶帆的技术和经验有很大关系。"功夫不负有心人"，这次中国运动员终于战胜了所有的外国选手，夺得了亚运会帆板比赛的冠军。

二、网球比赛与气象

网球比赛的胜负，除了取决于运动员的技巧水平和竞技状态外，赛时的天气在一定程度上会成为影响比赛成绩的重要因素。在2007年法网公开赛上，俄罗斯著名运动员萨芬就曾抱怨过当时的天气："我很想发挥得更好一点，但今天天气状况太差了，谁不想有一个开门红呢？"

对网球比赛有影响的天气有多种，其中影响最大的莫过于降雨和高温。降雨会对网球场地造成很大影响。网球场有硬场和软场之分。硬场有草地球场和沥青面球场两种，如温布尔顿网球公开赛的场地就是草地，全美公开赛中心一号场就是沥青场地；软场是指泥土场，如法国网球公开赛就是在泥场上举行的。在硬场上比赛，球的反弹性能强，有利于以力和速度为主的选手竞技水平的发挥。在软场上击球，球的反弹性能差，有利于讲究出球落点恰到好处的选手竞技水平的发挥。如果降雨天气改变了场地的状态，自然也会使运动员原来的习惯受到影响。据说，现在法国网球公开赛就想出了随天应变的办法：为了避免雨天使比赛场地变"质"，当有雷阵雨天气时场地工作人员就会用苫布把赛场盖上。

另外，高温天气打网球会使运动员感到很疲劳。炎炎夏日进行体育运动很容易导致脱水、热痉挛、热衰竭和中暑等。除此之外，天气晴好，阳光中紫外线很强，不论是运动员还是教练和观众，都要注意保护好自己的眼睛。

三、田径比赛与气象

体育比赛中田径成绩的好坏，除了与场地和运动员临场竞技状态等因素有关外，还与比赛时的风、气温、湿度等气象要素有着密切关系。

风对田径比赛有很大影响。如果田径比赛场地上风速超过限制，所创造出的成绩将不被承认。田径比赛规则上明文规定："距离200米和200米以下的田径赛以及跳远、三级跳远等项目，凡顺风时平均风速超过2米/秒者，所创纪录不予承认。在各类世界大赛中，曾多次出现过因比赛时风速超过规定的标准，致使运动员所创成绩不能算作新纪录的遗憾。如1968年美国运动员齐姆在100米短跑比赛中，创造了9.8秒的世界最佳成绩，但由于比赛时的顺风风速为2.6米/秒，超过规定风速0.6米/秒，因而未被承认。另外，全能运动的单项成绩，凡风速超过4米/秒者，其全能运动纪录也不予承认。

气温和湿度对田径赛事也有较大的影响。专家称，田径赛的最适温度是20~22 ℃。湿度对人体的影响，主要表现在热代谢和水盐代谢两方面。在高温或低温环境下，人体对气温的感觉，与湿度的关系就很大。高温高湿时，大气中大量水汽使体表汗液蒸发困难，从而妨碍人体散热。另外，如果空气湿度太大，运动员会感到情绪郁闷、心理压力增大；空气湿度太小，人又有干渴烦躁的感觉。据专家研究，在气温适中的前提下，50%~60%的相对湿度对田径比赛最适宜，气温适中、湿度比较低时，有利于跳跃运动员发挥水平；湿度偏大些，则有利于短跑运动员产生爆发力。

随着体育运动的发展，一门新的边缘学科——体育气象学正在兴起，并不断引起越来越多的体育界、气象界人士的关注。实践证明，在竞争日趋激烈的体育比赛中，气象服务大有作为。应用好气象科学，更有助于赛出水平，取得好成绩。

思考：气象因素对体育赛事的影响，大致可分为哪三类？

实践与思考

活动 1 了解北京奥运会的天气预报工作

活动内容

申奥成功后，为满足奥运科研与技术储备的需要，自2002年起，北京市气象局在每年的7月下旬到9月，都要组织开展奥运举办期间相关微气候的特种观测，其观测要素除常规气象要素外，增加了与奥运赛事有关的系留艇、风廓线、水温、沙温、酸雨、花粉、紫外线、负离子观测等特种观测项目。奥运微气候观测不仅为建立起奥运期间城市边界层风、温度的垂直分布，为大气稳定度及大气污染物扩散背景分析提供了第一手数据与建模依据，也使得中国的气象部门成为奥运历史上开展针对奥运会的观测和为奥运提供相关气象服务最早的国家。

北京奥运会最初确定的日期是2008年7月25日至8月10日。气象部门考虑到7月下旬到8月上旬是北京地区的主汛期，发生暴雨、高温闷热、大风、雷电等灾害性天气的频率较高，通过认真分析近30年北京夏季的气候背景，气象部门向北京奥组委提出建议：8月8日立秋后天气逐渐凉爽，灾害性天气出现的频率也相对减少，建议将北京奥运会推迟2~3周。2003年7月，在国际奥委会第115次全会上批准了这个建议，正式通知北京奥组委：考虑到8月以后欧洲各大赛事日程安排，北京奥运会比原计划推迟2周，奥运会开幕日确定在2008年8月8日。

北京奥运会的举行时间为2008年8月8日至8月24日。负责北京奥运会天气预报工作的气象专家们指出，准确预报北京奥运会天气的难度和压力要远远大于雅典奥运会和悉尼奥运会。请搜集资料，解释这一结论。

活动 2 了解北京奥运会火炬传递遇到的气象难题

活动内容

北京奥运会火炬自2008年3月24日在希腊奥林匹亚点燃后，前往五大洲（国家、地区）的21个城市，并在境内31个省、自治区和直辖市传递，火炬传递总里程约13.7万千米。北京奥运会火炬接力是奥运史上传递路线最长、传递范围最广、参与人数最多的一次火炬接力传递活动。中国气象部门承担了为"和谐之旅"奥运火炬传递提供境内外传递城市的天气实况、天气预报和服务。这成为奥运会历史上提供气象预报和服务涉及城市和地区最多的气象预报服务。

奥运圣火在境内传递期间，抵达了世界最高峰——珠穆朗玛峰。这对2008年奥运会有着重大的象征意义，不仅向全世界充分展示了中华民族对"更快、更高、更强"奥林匹克精神的追求，而且开创了奥运圣火传递新历史。为了做好珠峰火炬展示的气象保障工作，中国气象部门在珠峰海拔5 000~8 000米之间不同高度上进行了针对性的气象观测，并通过数码产品、卫星遥感产品试用和现场观测资料分析等，提供珠峰地区天气预报和临近预报、预警等服务，为奥运火炬在珠峰展示捕捉有利的气象条件。珠峰气象预报和服务也再次创下了奥运史上气象服务的"吉尼斯"纪录。

奥运火炬于2008年5月8日在珠峰成功点燃。请分析为何我国把火炬登珠峰的时间定在5月。火炬在珠峰传递要克服的气象难题有哪些？

5月8日北京奥运火炬在珠穆朗玛峰传递

5月8日，北京奥运火炬珠峰传递登山队成功登顶珠峰

检测与评估

❶ 距离200米和200米以下的径赛以及跳远、三级跳远等项目，凡顺风时

平均风速超过（　　　）时，所创纪录不予承认。

   A．1米/秒　　B．2米/秒　　C．3米/秒　　D．4米/秒

❷ 高温时进行体育运动，很容易造成_____、_____、_____、
_____等现象。

资料与信息

● 中国气象局：http://www.cma.gov.cn

提示与答案

检测与评估

   1．B

   2．脱水　热痉挛　热衰竭　中暑

11 倚天作剑叱风云——气象与战争
YITIANZUOJIANCHIFENGYUN——QIXIANGYUZHANZHENG

风吼雨泻，雷鸣电闪。天公一挥长袖，大地瞬息万变。或飞沙走石，波涛翻滚；或洪水泛滥，江河咆哮；或云重雾茫，银装素裹；或银蛇飞舞，大地震颤。这一切，既可令千军寸步难行，又可使万师急速飞进。

古往今来，多少叱咤风云的将帅，因为不识天时，陷入困境，毁于一旦，使之铸憾终生。又有多少借天公赐予良机，倚天作剑横扫千军的战例。

阅读与思考

一、借"天"之力出奇制胜

在战争中，如何灵活利用气象条件，趋利避害，克敌制胜，是军事家们十分重视的问题。现代战争中利用大雨、台风、酷暑、严寒、风向、云雾等天气条件，加速或延缓战争进程，最终获取胜利的战例俯拾皆是。

（一）浓雾协助英法联军创造了"九日奇迹"——敦刻尔克大撤退

1940年5月24日，德军以"闪电战"攻破马奇诺防线，把40万英法联军包围在法国的敦刻尔克海滩上。这时德军离港口仅10英里。但在5月24日中午，希特勒却下令部队停止前进，直到5月26日下午才取消命令又继续前进。利用这两天时间，联军在沙

敦刻尔克大撤退

滩上布置好环形防线，掩护撤退。5月26日晚到6月4日上午撤退共进行了9天。在这9天中，德军不仅从地面进攻，同时还飞临多佛尔海峡上空进行轰炸。这时天气站到了联军这一边，从26日到31日都是大雾天气，浓厚的云雾笼罩在海峡上空，加上油库燃烧形成的黑烟，使德军战斗机找不到轰炸目标。到4日上午，联军共撤出34.6万人，他们就是后来诺曼底登陆时作战的主力。有人说是浓雾创造了奇迹，因为这不是一次普通的撤退，撤出的是整个英国的未来！

（二）高空西风帮助日本轰炸美国——气球战

1944年，美军对日军进行了多次攻击，并轰炸日本首都东京。为了报复，日军策划了多种轰炸美国的方案，但因需跨越的太平洋太辽阔而难以实施。后来他们采纳了一位军事气象学家的气球炸弹方案，特制了大量能携带炸弹升上12 000米高空的氢气球。于11月3日先后分批放飞了9 000多只，气球到高空后就随着高空西风向东飞去。西风的平均风速在80千米/秒以上，

几天以后氢气球到达了美国上空。由于氢气的泄漏,气球炸弹开始降落。其中有数百颗炸弹刚好降落到美国大地上爆炸了,这些炸弹使美国森林频频发生火灾。为了捉拿"纵火犯",美国政府组织了大批人员日夜守护森林,终于发现是气球炸弹作祟。于是美军出动飞机去击毁这些气球。可是气球飞行在万米以上的高空,当时的飞机很难在这个高度上作战,而且气球数量众多,根本无法全部成功拦截。幸亏美国当时封锁了一切有关消息,日本得不到信息反馈,以为气球炸弹未能发挥作用而没有继续坚持这一轰炸行动,否则,美国将损失惨重。

二、逆"天"行事,惨遭败绩

气象对战争来说是一柄"双刃剑","天气不是朋友就是敌人"是军事气象学上的一句名言,不同气象条件对军事活动的影响往往不同,即使是同一种气象条件,也常常因指挥员和部队利用是否得当而产生不同的结果。现代战争中因忽视气象条件而导致失败的战例也不少。

道路泥泞给德军摩托化部队带来了极大困难

(一)严寒对侵略者的惩罚——莫斯科保卫战

1941年,梦想霸占全球的希特勒,在侵占半个欧洲之后,撕毁了苏德互不侵犯条约,于6月22日突然向苏联发动进攻。据德国气象人员的预报,这一年苏联的冬季来得不仅比较早而且非常严寒。但被"胜利"冲昏了头脑的希特勒,梦想采用"闪击战",在冬季到来之前,利用8个星期吞并苏联。因此,他在没有采取有效御寒措施的情况下,就动用1 700辆坦克、1 390架飞机和180万的兵力,于10月初向莫斯科发起了代号为"台风"的进攻战。

然而,令希特勒始料不及的是,从10月6日开始,天气就阴雨连绵,泥泞的道路使德军"闪击战"的步伐受到无情地延滞，大炮、弹药车陷在烂泥中，不得不用坦克来拖拉，前进速度十分缓慢。烂泥阵中，德军显得疲惫不堪。苏军抓住这一有利条件进行还击，使德军伤亡很大。

莫斯科外围，德军步兵
每师减员达1/3

祸不单行。更加不利的是，11月3日又来了寒潮，气温下降到了零下8 ℃。因天气寒冷，燃料冻结，坦克发动困难，装甲部队无能为力，大炮的瞄准镜也失去了效用，枪炮成了严冬的俘虏。加之德国本土属于温带海洋性气候，冬季平均气温都在零下5 ℃以上，从来没有像属于温带大陆性气候的莫斯科这

全副武装的苏联红军

样严寒。远战的德军士兵不适应寒冷的天气又无御寒冬衣和厚靴袜等。士兵经常处在忍冻受饿的折磨中，被冻病、冻伤乃至冻死的士兵就达10多万人，占莫斯科会战德军总伤亡人员50万的1/5。而苏联士兵则不然，他们从小适应了这种寒冷气候，穿上了保暖棉衣、皮靴，戴着护耳冬帽；枪炮也装上了保暖套，涂上了防冻润滑油，他们身着白色伪装服，手上拿着涂了白漆的枪支，脚踏滑雪板，灵活机动地英勇出击。

严寒给侵略者以有力的惩罚。苏军抓住这一有利的战机，于12月6日对德军发动了全线反击，把德军杀得丢盔弃甲，伤亡极其惨重。到1942年1月中旬，苏军歼灭了莫斯科近郊的50万德军。苏军打败德军，打破了德军"不可战胜"的神话，极大地鼓舞了苏军将士和人民的士气，为苏军的最后胜利奠定了基础。这是德国法西斯在"二战"中所受到的第一次大失败，可以说是莫斯科的寒潮把德军推入了"地狱之门"。

（二）沙尘暴天气阻拦多国部队狂轰乱炸——海湾战争

海湾战争是1991年1月，以美国为首的多国联盟在联合国安理会授权下，为恢复科威特领土完整而对伊拉克进行的战争。这也是第二次世界大战以来

参战国最多、投入武器装备最先进的一场战争。

波斯湾位于西亚中部。伊拉克位于波斯湾的西北海岸处。这一带的气候类型分为两种：一种是亚热带地中海气候，另一种是热带沙漠气候。地中海气候冬湿夏干，冬季锋面气旋活动频繁，带来很多降水；夏季干燥、少雨、多沙暴，自然环境比较恶劣。

为了保障战争的顺利进行，美军作了充分的准备。在气象情报方面，美国空军已积累了14年的对伊拉克的气象观测资料。根据气象分析，美军认为1991年1月1日~2月15日这6个星期是最佳作战时期，过后，天气及其他因素都会增加作战的难度。1990年11月29日联合国安理会通过了第678号决议，要求伊拉克于1991年1月15日之前撤出科威特。到1月15日，萨达姆仍不撤军。于是，以美国为首的多国联盟部队决定，1991年1月17日为"沙漠风暴"行动开战日。

1. 恶劣天气，使空袭计划延长数日

"沙漠风暴"行动分为三个阶段。第一阶段主要打击伊拉克的反击能力，夺取制空权。轰炸重点是导弹发射场、飞机及空军基地、军事指挥机构、化学武器储藏所、弹药库；第二阶段主要打击通信系统，交通补给线；第三阶段重点轰炸伊拉克军队在科威特的阵地，为由空袭转入地面作战作准备。如果天气理想的话，所用时间为18天。

1991年1月17日当地时间1时30分，美国战舰向巴格达发射"战斧"式对地攻击导弹，"沙漠风暴"行动揭开了序幕。空袭的第一天很顺利，但18日，天气就变坏了。当天为阴天，云层高度只有1 000米，有雾，能见度3 000米。原定18日上午用F—16袭击巴格达北部的塔吉火箭生产设施，后因飞机下的云层太厚，不得不改变航向，袭击了预备目标——鲁迈拉机场。由于恶劣天气的影响，仅在空袭的头10天，就有约15%的预定飞行架次被取消。后来的实际情况表明，整个空袭期间的天气是14年以来最为恶劣的。预定的空袭任务，比原计划延长了20天，于2月24日地面作战开始之前结束，耗时38天。

2．天气捉弄，多国部队误伤甚多

2月17日凌晨，星光还不断地在空中闪烁。美军第101机械化步兵师在"阿帕奇"直升机配合下，乘坦克和装甲运兵车到阵地前沿执行巡逻任务。清晨5时左右，突然刮起一阵狂风，黄沙飞扬，顷刻之间变得难以辨认东西南北。直升机虽装有夜视装置，但对付沙暴仍然无能为力。正在这时，美军巡逻队同伊拉克军队遭遇，双方交火。"阿帕奇"直升机向伊军发射导弹。不幸，由于天气的影响，使导弹偏离了目标，其中有2枚击中了自己人，1枚击中一辆M—113装甲运兵车，另一枚击中一辆布雷德利战车，美军士兵2名死亡，6名受伤。据资料表明，在"沙漠风暴"行动中，约有39%的误伤是由于目标识别错误造成的。其中最主要的原因是气象条件和战场环境。这种误伤数在28起事故中占11起。

沙尘暴使空中杀手屡屡失手，"阿帕奇"不再神奇

沙尘暴使得能见度只有100米。一架"阿帕奇"直升机和"黑鹰"直升机在风暴中失踪

思考：（1）德国和俄罗斯的气候类型及特点分别是什么？
（2）查看地图，了解伊拉克的地理位置和气候特点。
（3）海湾战争中战场形势为什么没有向美军预计的速战速决的意图发展？

三、气象武器大显神威

随着现代科学技术的迅速发展，利用气象武器对付敌方将成为未来战场的一种有效的军事手段。

所谓气象武器，是指运用人工技术，改变当时的气象条件，并将这种改变了的大气条件用于作战目的。这是一种既不是枪林弹雨，又不见刀光剑影，却同样可以达到摧毁和打击敌方的特种"武器"。

宇宙之奥秘、天穹之迷茫，吸引着人类不断地进行探索，因此，一些新型的气象武器不断地在人类大胆的设想之中孕育：

在云中播撒某种化学药剂，可使雨滴呈酸性。如果这种酸性化学物质长期大量悬浮在大气中，那么雨滴在溶解化学物质后，将使坦克、大炮、雷达等暴露在外的军事设备遭到腐蚀，从而失去正常的作战性能。

用火箭在敌方上空的高层大气中播撒能够吸收部分太阳光的吸热性物质，形成气溶胶微粒云层，削弱日照、降低地面气温，使这个地区变成一片不毛之地；或播撒能阻止地面热量逸散到大气中的化学物质，从而使这块大地变成一片酷热和干燥的沙漠。

将火箭发射到敌方高空的臭氧层中，然后不断地盘旋和燃烧，并释放与臭氧起化学反应的物质，使臭氧层开出一个大"天窗"，让强烈的太阳紫外光直射到地面，造成敌方人畜、植物的巨大伤害。

以上种种，虽是设想中的事，但是有关专家已确认，这类气象"超武器"，将会随着军事竞争的激烈，在未来战场上扮演更重要的角色。

资料：据英国《焦点》月刊报道，20世纪80年代以来，美军收集、整编了全世界上千个机场的气象资料，并定期修正。美军先后投资进行过数十个秘密的气象研究项目，其中包括制造地震的"阿耳戈斯计划"、制造雷电的"天火计划"和在飓风周围实施人工降雨以改变风暴方向的"暴风雨计划"等。

资料：20世纪60年代开始，"麦金莱气候实验室"开发的武器陆续用于实战。越战期间，美军在越南作战方区域上空向云层喷射了成吨的碘化银，实施人工降雨，延长风季持续的时间。美军曾出动26 000架次飞机，施放降雨催化弹约474万枚，制造大量暴雨和洪水，造成局部地区洪水泛滥，桥梁、水坝、道路和村庄被毁。

实践与思考

活动　气象对战争的影响

活动内容

　　《孙子兵法》认为"知天知地，胜乃不穷"。这里的"天"就是指气象条件。"火烧赤壁"是我国古代利用天时取胜的战例。随着科技的进步，现代战争在武器和作战方法上虽然有了很大的变化，但气象条件有时仍可直接影响着战争的进程与结果。搜集自己感兴趣的古今中外的战例，分析并点评其中气象因素对战争成败的影响。

检测与评估

简答题

　　什么是气象武器？

资料与信息

● 刘德偶. 军事气象与气象武器[M]. 北京：军事谊文出版社，2000.

提示与答案

检测与评估

简答题

　　所谓气象武器，是指运用人工技术，改变当时的气象条件，并将这种改变了的大气条件用于作战目的。

12 世界气象日
SHIJIEQIXIANGRI

为纪念世界气象组织成立（1950年3月23日）这一特殊日子，1960年世界气象组织将公约生效日，即3月23日定为"世界气象日"，并从1961年开始，每年气象日围绕一个主题，在全球进行庆祝活动，向各会员政府和公众进行气象宣传教育。

阅读与思考

一、世界气象日的由来

国际气象组织原为非官方性国际气象合作机构。1947年9~10月，国际气象组织（IMO）在美国华盛顿召开了45国气象局长会议，决定成立世界气象组织（WMO），并通过了《世界气象组织公约》。公约规定，当第30份批准书提交后的第30天，即为世界气象组织公约正式生效之日。1950年2月21日，伊拉克政府提交了第30份批准书，3月23日世界气象组织公约正式生效，标志着世界气象组织正式诞生。

1960年世界气象组织执行委员会决定把每年3月23日定为世界性纪念日，要求各成员国每年在这一天举行庆祝活动，并广泛宣传气象工作的重要作用。目的是唤起世界各国人民认识大气是人类共有的资源，保护大气资源需要全人类的共同努力。目前世界上已有178个国家和地区参加世界气象组织，我国于1972年恢复了在世界气象组织中的合法地位。世界气象组织在每年的"世界气象日"都会确定一个宣传主题，各成员国在这一天可根据当年的主题，开展多种形式的宣传和纪念活动，如组织群众到气象台站参观访问，举行有政府领导人参加的群众庆祝仪式，举办气象仪表装备、照片、图表和资料的展览，举行记者招待会，由报刊、广播电台、电视台报道特写文章和讲话，放映气象科学电影，发行纪念邮票等。

二、世界气象组织的宗旨

* 促进设置站网方面的国际合作，以进行气象、水文以及与气象有关的地球物理观测，促进设置和维持各种中心以提供气象和与气象有关的服务；

* 促进建立和维持气象及有关情报快速交换系统；

* 促进气象及有关观测的标准化，确保以统一的规格出版观测和统计资料；

＊推进气象学应用于航空、航海、水利、农业和人类的其他活动等；

＊促进水文活动，增进气象与水文部门间的密切合作；

＊鼓励气象及有关领域内的研究和培训，帮助协调研究培训中出现的国际性问题。

三、历届气象日主题

每年的"世界气象日"，世界气象组织执行委员会都要选定一个主题进行宣传，以提高世界各地的公众对与自己密切相关的气象问题的重要性的认识。每一个主题都集中反映了人类关注的与气象有关的问题。

1961年——气象对国民经济的作用

1962年——气象应用于农业和粮食生产

1963年——运输与气象

1964年——气象——经济发展的一个因素

1965年——国际气象合作

1966年——世界天气监测网

1967年——天气与水

1968年——气象与农业

1969年——气象服务的经济效益

1970年——气象教育与训练

1971年——气象与人类环境

1972年——气象与人类环境

1973年——气象国际合作一百年

1974年——气象与旅游

1975年——气象与电信

1976年——气象与粮食生产

1977年——天气与水

1978年——气象与今后的研究

1979年——气象与能源

1980年——人类和气候变化

1981年——作为一种发展手段的世界天气监测网

1982年——空间气象观测

1983年——气象观测员

1984年——气象为农业服务

1985年——气象与公共安全

1986年——气候变化，干旱与沙漠化

1987年——气象——国际合作的典范

1988年——气象与新闻媒介

1989年——气象为航空服务

1990年——气象和水文部门为减轻自然灾害服务

1991年——地球的大气

1992年——天气和气候为稳定发展服务

1993年——气象与技术转让

1994年——观测天气和气候

1995年——公众天气服务

1996年——气象为体育服务

1997年——天气与城市水问题

1998年——天气、海洋与人类活动

1999年——天气、气候与健康

2000年——世界气象组织——50年服务

2001年——天气、气候和水的志愿者

2002年——降低对天气和气候极端事件的脆弱性

2003年——我们未来的气候

2004年——信息时代的天气、气候和水

2005年——天气、气候、水和可持续发展

2006年——预防和减轻自然灾害

2007年——极地气象：认识全球影响

2008年——观测我们的星球，共创美好的未来

 实践与思考

活动 了解世界气象日和气象观测

活动内容

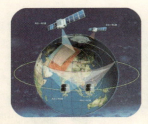

气象卫星监测

探空雷达

高空气象观测

　　世界气象组织将2008年世界气象日的主题确定为"观测我们的星球，共创美好的未来"，目的就是使人们认识到，各国气象、水文部门和世界气象组织及其成员，作为一个整体而广泛开展的综合性权威观测，具有较好的科学和社会经济效

气象知识黑板报

益。因此，要加强合作，建立一个开展观测、收集、处理和分发气象、水文与相关资料及产品的国际综合系统，共同提高气象灾害监测预报预警能力，以更好地应对全球气候变化对经济社会可持续发展的挑战。

活动内容

❶ 了解世界气象观测的最新成果和动态。

❷ 结合本年气象日的主题，在班级和学校采取各种形式进行气象知识的普及和宣传。

检测与评估

选择题

❶ 世界气象日的具体时间是（   ）

　A．3月22日　　　B．3月23日　　　C．6月5日　　　D．4月22日

❷ 世界气象日确定的年份是（   ）

　A．1947年　　　B．1950年　　　C．1960年　　　D．1972年

❸ 我国恢复在世界气象组织中的合法地位的时间是（   ）

　A．1947年　　　B．1950年　　　C．1960年　　　D．1972年

资料与信息

❶ 北京气象局：http://www.bjmb.gov.cn

❷ 中国气象局：http://www.cma.gov.cn

提示与答案

检测与评估

选择题

　1．B　2．C　3．D

13 全球变暖
QUANQIUBIANNUAN

随着社会的发展，工业的进步，人类燃烧大量的矿物燃料，使得大气中的CO_2越来越多，全球变暖日益严重，导致冰川融化，海平面上升，部分地区气候发生变化，既危害自然生态系统的平衡，又威胁人类的食物供应和居住环境。实际上，气候变暖造成的后果还远不止这些，它对整个地球和人类的影响是全方位的。面对这一问题，我们必须采取措施，控制全球变暖。

全球变暖，世界将改变

……北极熊会在80年内消失

全球变暖导致北极冰块减少，北极熊的生存将受到严重威胁，这些无辜的动物将会随着气温的升高而走向灭亡。

阅读与思考

专家们通过研究推测，到21世纪末，全球平均气温将会上升1.1~6.4 ℃；中国将上升3~9 ℃；华东地区将上升3~4 ℃。地球的温度将越来越高，全球气候日益变暖。

一、全球变暖谁之过

（一）太阳惹的祸

太阳活动影响近百年地球的气候。气候系统所有的能量基本上来自太阳，所以说，太阳辐射的变化是引起气候系统变化的外因。

（二）二氧化碳是元凶

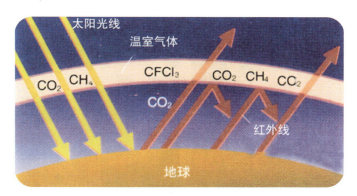

二氧化碳像被子一样具有保温作用，如果没有二氧化碳，地球的年平均气温会比目前降低20 ℃。但是，如果二氧化碳含量过高，全球气温就会逐渐升高，形成"温室效应"。

空气中二氧化碳的含量在过去很长一段时期内基本保持恒定。那么，是什么原因导致近几十年二氧化碳突然增加呢？

（1）人类在近100年以来大量燃烧矿物燃料（如煤、石油等），排放出二氧化碳等多种温室气体。

（2）人类乱砍滥伐，破坏森林，也会导致全球变暖。一方面，森林具有

吸收二氧化碳，制造氧气的作用。进入大气中的二氧化碳约2/3可被植物吸收，但由于森林面积急剧减少，使得吸收二氧化碳的能力下降。另一方面，森林的破坏与砍伐，又会将原先贮存在植物体内的二氧化碳释放到大气中去，使森林成为一个大碳源。

二、全球变暖——有人欢喜有人忧

企鹅栖息地附近的冰山

海面上的浮冰

全球变暖给地球和人类带来的影响，既有正面的，也有负面的。例如，随着温度的升高，副极地地区将更适合人类居住；在适当的条件下，较高的二氧化碳浓度能够促进光合作用，使粮食增产，这是全球变暖的正面影响。但是与正面影响相比，全球变暖对人类活动的负面影响将更为巨大和深远。

（一）冰川融化，海平面上升

南极附近的冰山群由于气候变暖的影响，已开始融化。据科学家的预测，

2030年全球气温有可能升高2 ℃，海平面可能会上升16厘米。科学家预测，世界第二小国图瓦卢、邻国基里巴斯以及印度洋上的马尔代夫三个岛国正面临"灭顶"之灾，未来不远，它们可能会被海水吞没，从地球上彻底消失。

图瓦卢

 思考：读图说出哪些地区会受到海平面上升的威胁。

（二）全球变暖，动物们遭殃

研究人员发现，由于全球变暖，许多动物的栖息环境大大改变，如今它们被迫逃亡到海拔更高的地方。同时北极熊也经受着类似的遭遇，因为它们居住的海冰环境正逐渐融化。科学家预测，到2050年，"全球变暖"将使百万种陆地动植物走向灭绝。

（三）暴雨、干旱等异常气候增多

如果全球气候继续升温，世界各地的降水和干湿状况将会发生变化，还有可能导致全球范围的气象灾难，飓风、洪水等将会更加频繁，并引发农业歉收，全球将有几亿人面临死亡的威胁。

1. 台风

近年来，大西洋和太平洋沿岸连遭罕见的热带风暴袭击，造成重大的人员伤亡和财产损失。科学家研究发现，台风等之所以比以前来势凶猛，主要原因是全球变暖。

2. 干旱

全球变暖将使得湿润的高纬度地区的降水增加，而低纬度半干旱地区的降水将减少；到2020年，非洲将有多达2.5亿人口缺水；其农业产量将会下降一半，世界饥饿总人口将增加。

3. 洪水

由于温暖的大气中蕴涵更多的水蒸气和能量，因此全球气候变暖可能导致降雨量的增加。联合国研究人员在一份报告中警告说，由于全球气候变暖、森林开采、海平面上升以及洪水易发地区人口增加等原因，预计到2050年，全世界受洪水威胁的人口将增加1倍至20亿。

三、《京都议定书》

为了人类免受气候变暖的威胁，1997年12月，在日本京都召开的《联合国气候变化框架公约》缔约方第三次会议通过了旨在限制发达国家温室气体排放量以抑制全球变暖的《京都议定书》。

《京都议定书》规定，到2010年，所有发达国家二氧化碳等6种温室气体的排放量，要比1990年减少5.2%。中国采取了7项措施应对气候变化。

1．组建了国家气候变化协调机构。

2．积极参加了有关气候变化的国际谈判。

3．采取一系列减缓温室气体排放的政策措施。

4．认真履行《联合国气候变化框架公约》下承担的具体义务。

5．开展气候变化的科学研究。

6．为实施《京都议定书》做好准备。

7．开展对气候变化方面的宣传、教育活动，增强公众的气候变化意识。

实践与思考

活动 1 暖冬与寒冬调查

活动内容

厄瓜多尔科多帕希火山图（左图于2006年3月14日拍摄，右图于2007年1月14日拍摄）

这张照片显示的是德国代根多夫一户人家经历的两个冬天
（左图于2006年2月10日拍摄，右图于2007年1月12日拍摄）

❶ 以上图片说明了什么现象？是什么原因造成的？

❷ 编制调查问卷，向周围人调查近几年的冬季气温有何变化，以及对人们的生产生活有何影响。

暖冬调查问卷

1. 你觉得近几年的冬天有什么变化？（　　　）

　　A．变冷　　　　B．变暖　　　　C．没变

2. 你觉得导致暖冬的最主要原因是什么？（　　　）

　　A．工厂、汽车排放的废气

　　B．农业生产活动用的甲烷等

　　C．自然因素，如太阳

3. 你认为暖冬会对人们生产生活有什么影响？

活动 2 如何给地球降温

活动提示

方法1：在北极造冰

　　全球变暖的最大恶果之一就是地球两极的冰川正在加速融化，特别是北极地区。

活动提示

方法2：用基因改良树木

　　地球的温室效应可以通过绿化环境得到缓解。每天，全球的热带雨林面积都在减少，有超过100个热带雨林物种灭绝。用基因的方法改良树种，可以减少人类对热带雨林的开发。

活动内容

　　阻止全球变暖，我们能做什么？

　　全球变暖的问题越来越严重，作为新时代的中学生，我们应树立环保的观念，从小事做起，为让世界更美好做出自己的努力！

❶ 保护环境，从小事做起。

　　由于我国主要是靠燃烧煤来发电的，烧煤会释放二氧化碳，因此减少电的使用量可以降低二氧化碳的排放量。

　　据统计，全世界20%的电能消耗在照明上，其中40%的电能是被白炽灯消耗掉的。假如全世界都能用节能灯泡取代白炽灯，每年温室气体的排放量将减少7亿吨。

　　同学们，让我们行动起来吧，向周围人宣传使用节能灯，为阻止全球变暖尽一份力量。想一想我们生活中还有哪些行为可以缓解全球变暖？

　　例如：

　　（1）减少看电视的时间；　　（2）合理调节空调温度；

　　（3）不要让电器处于待机状态；　　（4）植树造林。

❷ 利用漫画的形式来描绘全球变暖的原因、危害和解决办法，并做成展板向师生宣传。

活动内容

参考：

❸ 写一篇倡议书：向周围的人作宣传，呼吁社会关注全球变暖。

 # 检测与评估

一、选择题

❶ 下列属于温室气体的是（   ）

　A．二氧化硫　B．二氧化碳　C．一氧化碳　D．氮氧化物

❷ 全球变暖的主要原因有（   ）（多选）

　A．大量燃烧矿物燃料

　B．森林破坏

　C．人们使用冰箱、空调时释放出的氟氯烃化合物

　D．太阳辐射的变化

❸ 关于全球变暖的叙述，正确的有（   ）（多选）

　A．全球变暖有可能使全球气候异常

　B．全球变暖会使全球各地变得越来越干燥

　C．全球变暖会导致海平面上升

　D．看电视、开空调与全球变暖无关

二、简答题

① 导致全球变暖的主要原因是什么？

② 全球变暖有哪些后果？我们如何阻止全球变暖？

③ 大气还有哪些环境问题？举例说明。

资料与信息

① 视觉中国：http://www.chinavisual.com

② 人民网天津视窗：http://www.022net.com

③ 中国中央电视台：http://www.cctv.com

提示与答案

检测与评估

一、选择题

　　1. B　　2. AB　　3. AC

二、简答题

　　1. 人为原因：一是燃烧矿物燃料向大气中排放大量二氧化碳；二是毁林，特别是热带雨林的破坏，使森林吸收、固定的二氧化碳迅速减少。

　　2. 海平面上升；气候异常；动物灭绝。

　　3. 臭氧层破坏；酸雨。